TROISIÈME SUPPLÉMENT

AU

DICTIONNAIRE LYRIQUE

PARIS. — IMPRIMERIE Vve P. LAROUSSE ET Cie

49, RUE NOTRE-DAME-DES-CHAMPS, 49

TROISIÈME SUPPLÉMENT

AU

DICTIONNAIRE LYRIQUE

OU

HISTOIRE DES OPÉRAS

CONTENANT

L'ANALYSE ET LA NOMENCLATURE DE TOUS LES OPÉRAS ET OPÉRAS-COMIQUES
REPRÉSENTÉS EN FRANCE ET A L'ÉTRANGER
PENDANT LES ANNÉES 1873, 1874, 1875 ET 1876
AINSI QUE DES NOTICES COMPLÉMENTAIRES POUR LES ANNÉES PRÉCÉDENTES

PAR

FÉLIX CLÉMENT

MAÎTRE DE CHAPELLE HONORAIRE DE LA SORBONNE ET DU COLLÈGE STANISLAS
TITULAIRE DU LYCÉE LOUIS-LE-GRAND
COMMANDEUR DE L'ORDRE DE SAINT-GRÉGOIRE-LE-GRAND

PARIS
AUG. BOYER ET Cie, LIBRAIRES-ÉDITEURS
RUE SAINT-ANDRÉ-DES-ARTS, 49

AVERTISSEMENT

La période des quatre dernières années qu'embrasse ce troisième Supplément m'a inspiré des réflexions de la même nature que celles dont j'ai fait part au lecteur dans l'Avertissement placé au commencement du deuxième. Je considère la liberté des théâtres comme funeste sous tous les rapports, principalement sous celui de la production des œuvres remarquables et de la formation du goût.

Dans ma jeunesse, Paris n'était pas aussi peuplé, aussi grand qu'aujourd'hui. D'innombrables voitures ne sillonnaient pas ses places, ses rues, ses promenades. Je me souviens que, le dimanche surtout, des groupes de quatre, cinq, dix personnes se formaient devant les maisons, moitié sous la porte, moitié dehors, et que là, assis et respirant l'air libre, plus salubre que celui des brasseries et des cafés-concerts, hommes, femmes et jeunes gens causaient, jouaient, riaient surtout de ce rire joyeux et franc bien différent de celui que provoque la bouffonnerie ou la grossière indécence de la chanson débitée par quelque farceur à gages ou quelque diva d'un théâtre d'opérettes. Devant chaque maison de marchand de vin ou de débitant de bière, il y avait un jeu de tonneau, et pendant toute l'après-midi on entendait le bruit retentissant des palets de cuivre ou de plomb sur les ferrures du dix, du trente ou du mille, et les exclamations des joueurs. Aux portes de Paris, ou dans les promenades publiques, on jouait aux quilles, au jeu de siam, aux boules, à la paume et au ballon.

Tels étaient, le dimanche, les délassements de la population ouvrière et laborieuse avant que la multiplicité des théâtres, des cafés-concerts et des lieux de réunion nocturne lui offrît des plaisirs dispendieux et quotidiens.

Sous prétexte d'initier les travailleurs aux plaisirs des arts et de l'esprit, de former leur goût littéraire, de développer l'instruction dans les masses, on a voulu effacer toute différence d'habitudes entre les classes de citoyens, toute distinction entre le pauvre et le riche, le journalier et l'homme du monde, entre les personnes dont l'intelligence et le goût ont reçu le développement d'une éducation soignée et celles qui n'ont pu acquérir que les notions les plus rudimentaires de la civilisation ; et, en faisant violence à la nature des choses, on a compromis l'équilibre social. Des plaisirs grossiers et sans choix ont envahi les mœurs publiques, de telle sorte que les plaisirs délicats ont perdu de leur prestige, de leur charme, et, jusqu'à un certain point, sont devenus rares et impossibles, faute de ressources et de sujets. On a vu, depuis que la loi accordant la liberté des théâtres a remplacé sous le second Empire la loi restrictive et sage promulguée sous le premier et maintenue en vigueur jusqu'en 1858, les comédiens et les chanteurs, hommes et femmes, femmes surtout, déserter les théâtres littéraires et le grand répertoire lyrique pour envahir les petits théâtres et les cafés-concerts.

Peut-on soutenir que l'amour des classes laborieuses, et non pas la spéculation, a amené un tel état de choses? C'est une cupidité féroce et un égoïsme sans entrailles qui ont provoqué, encouragé et protégé ces entreprises dramatiques et ces industries considérables au point de vue financier.

Quelle est donc la classe de la société qui fournit à ces industriels les nombreux sujets qui forment leur troupe, depuis les comédiens et les chanteurs jusqu'aux demoiselles du corps de ballet, jusqu'aux figurants et comparses et jusqu'à de pauvres enfants enlevés à l'apprentissage d'un

métier utile pour parader à moitié nus devant des spectateurs avides de
grivoiseries et de sensations auxquelles l'art et la littérature n'ont aucune
part ?

Le législateur, l'administrateur, les magistrats de l'ordre public ont-
ils en cette circonstance suffisamment réfléchi à l'avenir de tant de créa-
tures prostituées dès l'enfance à un genre de vie dégradant et vouées
pour la plupart à une misère certaine ? S'est-on soucié de la liberté de
ces êtres humains, confisquée avant même qu'ils en aient eu la conscience ?
Quoique un tel état se soit produit à une époque où les idées de liberté
ont été le plus déclamées et enseignées, je ne crains pas de dire que
jamais depuis l'empire romain on n'a vu un esclavage plus avilissant
et une corruption exercée avec plus de cynisme et d'insouciance des
droits de la vertu, de la pudeur et de la faiblesse.

Dès l'année 1868, j'ai entretenu chacun des ministres de l'instruction
publique et des beaux-arts de la nécessité de faire rapporter la loi sur la
liberté des théâtres. Je dois à la vérité de dire que chacun d'eux, jusqu'à
cette présente année 1877, a reconnu la justesse de mes raisons ; mais je
dois penser qu'ils ont jugé le mal sans remède.

La production des œuvres remarquables est entravée ; la bonne exécution de celles qui pourraient honorer la scène française est compro-
mise faute d'interprètes suffisants ; si un ouvrage se recommande par un
grand mérite, il ne trouve plus même un auditoire assez nombreux, une
société dont le goût soit assez pur et assez ferme pour assurer le nombre
de représentations nécessaire et empêcher de courir à la ruine le directeur téméraire qui a eu l'audace de monter une œuvre de goût, de grand
style et peut-être même de génie.

Je ne prétends point que le succès qu'ont obtenu les opérettes d'une
indécente bouffonnerie ait positivement empêché le public de rendre
justice à des ouvrages remarquables lorsqu'il s'en est produit. Mais il
est certain qu'il n'a plus pris aucun plaisir à des opéras-comiques de

deuxième ordre, dans lesquels se trouvent cependant des situations pleines de charme, d'un sentiment délicat et bien exprimé, des scènes dont la sensibilité a bien inspiré le musicien. Le public, habitué à des gravelures et à des sensations appartenant à un même ordre d'idées, si idées il y a, s'est lassé, dégoûté du sentiment vrai, de l'esprit et de la grâce ; il ne s'élève au-dessus des basses régions où la liberté des théâtres l'a conduit que lorsque paraît un ouvrage tout à fait hors ligne, qu'on ne peut ignorer sans compromettre les intérêts de l'amour-propre et auquel il faut absolument faire accueil. Et encore les beautés qu'il renferme ne sont-elles pas toutes remarquées ; le succès de cet ouvrage est devenu d'autant plus difficile à obtenir qu'il serait plus légitime.

FÉLIX CLÉMENT.

CONTENANT

LES OUVRAGES REPRÉSENTÉS EN FRANCE ET A L'ÉTRANGER

PENDANT LES ANNÉES 1873, 1874, 1875 ET 1876

AINSI QUE DES NOTICES COMPLÉMENTAIRES POUR LES ANNÉES PRÉCÉDENTES

A

AGNÈS DE HOHENSTAUFEN, opéra allemand, musique de M. Frédéric Marpurg, représenté avec succès à Fribourg (grand-duché de Bade) le 14 mars 1874.

AÏDA, opéra en quatre actes, livret de M. Ghislanzoni, musique de M. Verdi, représenté au Théâtre-Italien le samedi 22 avril 1876. Ce chef-d'œuvre de la dernière manière du maître a obtenu à Paris le grand succès que j'avais annoncé en 1872, après avoir lu la partition dont j'ai donné une analyse développée (Voyez pages 767 et suivantes). En faisant connaître cet ouvrage au public français, M. Escudier a rendu un service signalé dont tous les dilettantes lui ont été reconnaissants.

A-ING-FO-HI, opéra-comique allemand, livret de M. Wichert sur un sujet chinois, musique de M. Richard Wüerst, représenté à l'Opéra de Berlin le 25 janvier 1875.

A LA MER, opéra bouffe en un acte, livret de M. G. du Bosch, musique de M. L. Vercken (Lionel), représenté au théâtre des Galeries Saint-Hubert, à Bruxelles, le 11 mars 1871. L'action se passe dans une station de bains de mer. Un notaire de province y va rechercher sa femme poursuivie par un jeune galant. On a remarqué dans ce petit ouvrage élégamment et habilement écrit les couplets de la baigneuse, un joli duo et un télégramme chanté. Joué par Jutcau, Calvin, Fraisant, Mmes Paola Marié et Roland.

ALICE DE NEVERS, opéra fantaisiste, paroles et musique de M. Hervé, représenté aux Folies-Dramatiques le 22 avril 1875. L'incohérence le dispute à l'extravagance dans ce château que l'auteur appelle fort à propos *Visionariskoff*. Les couplets de la belle cousine ont été bissés. Chanté par Hervé, Mme Desclauzas et Mlle Perrier.

ALLOGIO MILITAR (L'), opérette italienne, musique d'Ettore Deschamps, représentée au théâtre delle Logge de Florence le 25 juin 1876.

AMÉLIA, opéra en quatre actes, musique de Zajc, représenté sur le théâtre d'Agram en janvier 1873. Le livret a été tiré des *Brigands* de Schiller.

AMORE ALLA PROVA (L'), opéra italien, musique de F. Marchetti, représenté au théâtre d'Angennes de Turin le 25 mars 1873.

AMOUR AFRICAIN (L'), opéra-comique en deux actes, livret de M. Ernest Legouvé, musique de M. Paladilhe, représenté à l'Opéra-Comique le samedi 8 mai 1875. L'*Amour africain* est une des pièces bizarres et d'un goût détestable dues à l'imagination peu féconde de Prosper Mérimée, et qu'il publia sous le titre de *Théâtre de Clara Gazul*, comédienne espagnole. On crut à une trouvaille littéraire ; les gens affamés d'impressions prirent pour de la force la violence et le cynisme, et pour un produit de l'imagination espagnole ces pastiches qui auraient fait sourire si l'auteur, encore inconnu, les avait publiés sous son propre nom. L'*Amour africain* ne convenait pas plus à fournir un livret d'opéra-comique que *Carmen*. M. Ernest Le-

sique de Gallignani, représenté au théâtre Carcano de Milan en avril 1876.

AU PORT, opéra-comique, livret de MM. Jules Ruelle et Gaston Escudier, musique de M. Étienne Rey, représenté à Cabourg en août 1873. Chanté par Édouard-Georges et Mme Peschard.

AUX AVANT-POSTES, opéra-comique, livret de M. Georges Ohnet, musique de M. Joseph-Michel, représenté au théâtre de la Monnaie, à Bruxelles, en avril 1876. C'est une pièce à deux personnages, la tante et le neveu. On a remarqué une jolie valse chantée.

B

BAGATELLE, opérette en un acte, livret de MM. Hector Crémieux et E. Blum, musique de M. J. Offenbach, représentée aux Bouffes parisiens le 21 mai 1874. Bagatelle est une demoiselle de café-concert; elle a été sifflée; Georges a cherché querelle aux siffleurs et a vengé de cet outrage la chanteuse. Rentrée chez elle, Bagatelle, en fureur, voit escalader sa fenêtre par un inconnu. Après avoir fait des efforts désespérés pour chasser l'audacieux, elle apprend que c'est lui qui l'a défendue contre la cabale, et elle cesse d'être inhumaine. La musique n'est pas trop commune. On y trouve une assez jolie chanson, celle de Javotte, la soubrette, intercalée dans un petit trio. Chantée par Ed.-Georges, Mmes Judic et Grivot.

BARBIER DU ROI (LE), opéra-comique en un acte, livret de M. J. Caccia, musique de M. Léopold Guigou, représenté à Marseille en mars 1875.

BÉATRICE ET BÉNÉDICT, opéra en deux actes, livret et musique d'Hector Berlioz, représenté au théâtre de Bade le 9 août 1862. Le sujet de la pièce a été tiré de celle de Shakspeare, *Much ado about nothing*. Berlioz écrivait mieux en prose qu'en vers, et je crois même que sa musique doit beaucoup de sa célébrité aux écrits de l'auteur; mais voici un échantillon de sa poésie. Il n'ajoutera rien à sa gloire.

> Le vin de Syracuse
> Accuse
> Une grande chaleur
> Au cœur.
> De notre île
> De Sicile,
> Vive ce fameux vin
> Si fin !
> La plus noble flamme,
> Douce à l'âme
> Comme au cœur
> Du buveur

> C'est la liqueur vermeille
> De la treille
> Des coteaux de Marsala
> Qui l'a.
> Poëte divin,
> Ta muse
> Abuse,
> Tu le vois,
> De notre patience;
> Assez d'éloquence !
> Rimeur aux abois,
> Bois !

On voit que dans cet opéra, Berlioz a mêlé des scènes familières et bouffonnes à d'autres d'un caractère élevé; mais si la pièce est bizarre, la musique l'est encore davantage. Des modulations discordantes, des sons heurtés et sans idée, des phrases décousues et mal écrites pour les voix, la mélodie rare et toujours tourmentée, voilà ce que tous les hommes de goût et sans parti pris reconnaîtront dans cet opéra. Les trois morceaux qui ont été bien accueillis, et qui méritaient de l'être, sont ceux dans lesquels Berlioz s'est conformé aux principes traditionnels de l'harmonie et aux règles du sens commun, appliqués à la composition idéale. Ces morceaux sont : le duo nocturne de Héro et Ursule : *Vous soupirez, madame!* très-poétique et d'un effet charmant; l'air de Béatrice : *Dieu, que viens-je d'entendre !* et le trio qui le suit : *Je vais d'un cœur aimant.* J'ajouterai l'épithalame grotesque : *Mourez, tendres époux !* écrit dans le style madrigalesque des écoles flamandes du xvie siècle, et une sicilienne, quoique plutôt étrange qu'agréable à entendre. Distribution : Béatrice, Mme Charton-Demeur; Héro, Mlle Monrose; Ursule, Mme Geoffroy; Bénédict, Montaubry; Claudio, Lefort; don Pedro, Balanqué; Somarone, Prilleux; Leonato, Guerrin.

BELLE AU BOIS DORMANT (LA), opéra-féerie en quatre actes, livret de MM. Clairville et Busnach, musique de M. H. Litolff, représenté au théâtre du Châtelet le 4 avril

1874. La musique occupe une trop large place dans cette féerie, et quoique travaillée avec le soin qu'apporte dans ses ouvrages ce laborieux musicien, elle ne pouvait être remarquée comme elle méritait de l'être. Toutefois, on peut rappeler les couplets du fuseau, des batteurs de blé, le trio du briquet, des airs de ballet. Chanté par René Jullien, Laurent, Mme Reboux, Mlle Paola Marié.

BELLE BOURBONNAISE (LA), opéra-comique en trois actes, livret de MM. Dubreuil et Henri Chabrillat, musique de M. A. Cœdès, représenté au théâtre des Folies-Dramatiques le 11 avril 1874. La pièce est remplie d'incidents amusants, dont Manon, la belle Bourbonnaise, tient les fils. On y trouve aussi quelques situations sentimentales, qui ont fourni à l'auteur de la musique l'occasion d'écrire de jolies romances. On a applaudi un bon quintette et un menuet. Chanté par Milher, Raoult, Sainte-Foy, Mlles Desclauzas et Tassily.

BELLE LINA (LA), opéra-comique en trois actes, livret de MM. Paul Avenel et Paul Mahalin, musique de M. Hubans, représenté au théâtre de l'Athénée le 6 février 1875. Chanté par Noël Martin, Mlles Sichel et Girard.

BELLE POULE (LA), opérette en trois actes, livret de MM. Hector Crémieux et Saint-Albin, musique de M. Hervé, représentée aux Folies-Dramatiques le 30 décembre 1875. Cette belle poule est une paysanne dont les amours, avec un jeune garçon nommé Poulet, sont traversés par beaucoup d'incidents pendant trois actes. On a remarqué, au milieu des incohérences familières au compositeur, la chanson de la Bordelaise, le rondeau dans lequel la belle Poule expose les sciences qu'on lui fait apprendre chez la marquise de Montaubrèche, qui l'a adoptée, et une jolie valse. Chantée par Simon Max, Milher, Luco, Melle Schneider et Mme Prelly.

BENVENUTO CELLINI, opéra italien, musique de Orsini, représenté sans succès au théâtre Mercadante de Naples en mai 1875.

BEPPO, opéra-comique en un acte, livret de M. Louis Gallet, musique de M. J. Conte, représenté au théâtre national de l'Opéra-Comique le 30 novembre 1874. Le sujet de la pièce a été tiré du petit poëme de lord Byron. La partition renferme une jolie tarentelle qui sert d'ouverture et un bon trio. Chanté par Neveu, Charelli et Mlle Frank.

BIANCA CAPELLO, opéra italien, musique de M. Lovati Cazzulani, représenté au teatro Sociale de Côme en février 1874.

BIANCA CAPELLO, opéra italien, musique de Badiali, représenté sans succès à Florence en avril 1876.

BIANCA ORSINI, opéra italien, musique de Petrella, représenté sur le théâtre San-Carlo à Naples en avril 1874. Ce compositeur, d'un grand mérite, s'est laissé entraîner dans cet ouvrage à subir l'influence des théories de Weimar. C'était compromettre bien gratuitement sa réputation. Chanté par Barbacini, Colonnese Atry et Mlle Krauss.

BLACK CROOK (THE), opéra-féerie anglais en quatre actes, musique de Jacobi, chef d'orchestre, pour le 1er et le 3e actes, et de M. Clay pour les deux autres, représenté sur le théâtre de l'Alhambra, à Londres, le 6 janvier 1873. Cet ouvrage, très-applaudi chez nos voisins, a dépassé la centième représentation dans le cours de l'année.

BLANCHISSEUSE DE BERG-OP-ZOOM (LA), opéra-comique en trois actes, livret de MM. Chivot et Duru, musique de M. Léon Vasseur, représenté aux Folies-Dramatiques le 27 janvier 1875. Il y est question d'un riche brasseur, Van der Graff, forcé d'épouser Guillemine la blanchisseuse par Van der Pruth, père de celle-ci, qui a surpris le brasseur escaladant son balcon. L'habile blanchisseuse finit à force de ruses par vaincre la répugnance de Van der Graff et s'en faire adorer. Je m'abstiens ici de toute réflexion sur le rôle abaissé qu'on fait jouer à l'art musical en l'associant à de si pauvres sujets. Quelques grivoiseries semées çà et là peuvent seules les faire accepter du public, et ce n'est pas ce qui les recommande le mieux. On a applaudi le duo de l'échelle, le duo de Van der Graff et de Guillemine, les couplets du mari et un chœur de blanchisseuses. Chanté par Luco, Milher, Vavasseur, Mario Widmer, Mme Tassily et Mlle Vanghell.

BLUETS (LES), opéra-comique, livret traduit en italien par M. de Lauzières, musique de M. Jules Cohen, représenté sur le théâtre de Nice en février 1873.

BOCAGE (LE), opéra-comique, représenté à Caen en 1875.

BOHÉMIENS (LES), pastiche anglais, arrangé par M. Farnie, d'après les ouvrages d'Offenbach, *la Belle Hélène*, *la Grande-du-*

chesse, etc., et représenté à l'Opéra-Comique du Strand, à Londres, en mars 1873. Ce pot pourri burlesque n'a pas réussi.

BOÎTE AU LAIT (LA), opérette en quatre actes, livret de MM. E. Grangé et J. Noriac, musique de M. J. Offenbach, représentée aux Bouffes-Parisiens le 3 novembre 1876. Le titre lui-même n'a aucune signification dans la pièce ; comment celle-ci aurait-elle de l'intérêt? Francine vient au secours de son amoureux, le tire de quelques mauvaises aventures, se bat en duel à sa place et traverse victorieusement des ateliers de peintre, des études d'huissier. Les scènes sont décousues, et le jeu des acteurs, surtout des actrices, a seul contribué à procurer à cette opérette un certain nombre de représentations. Quant à la musique, elle est détestable; écrite avec négligence, elle n'offre qu'une suite de petites phrases sautillantes, hachées en menus morceaux. On ne peut rappeler de ces quatre actes que le *rondo du lait*, le chœur des nymphes, les couplets de Francine venant demander son portrait, ceux de l'hirondelle, le rondo des huissiers et la fable de la Laitière et du pot au lait. Distribution : Francine, Mme Théo; Mistigris, Mlle Paola Marié ; Paméla, Mlle Luigini ; Félicien, Mlle Blanche Miroir; Poupardet, Daubray ; Souchard, Fugère; Adalbert, Colombey ; Pacheco, Scipion.

BON MAÎTRE (LE) OU **L'ESCLAVE PAR AMOUR**, opéra en trois actes, musique de Paisiello, représenté vers 1790. On a chanté longtemps plusieurs ariettes tirées de cet ouvrage : *Je n'ai pas l'âme si bonne; Ah! quelle peine extrême; D'une triste étrangère.*

BONNE FILLE (LA), opéra-comique en un acte, musique de Duni, représenté sur le théâtre de la Comédie-Italienne en 1762. Le sujet est le même que celui de *la Cecchina*, traité par plusieurs compositeurs. (Voyez *la Buona figliuola*, page 125.)

BOULANGÈRE A DES ÉCUS (LA), opéra bouffe en trois actes, livret de MM. Meilhac et Halévy, musique de M. J. Offenbach, représenté au théâtre des Variétés le 19 octobre 1875. La boulangère est la belle Margot, qui, enrichie et vaniteuse, porte ses pains en carrosse, escortée de quatre laquais et d'un suisse. Bernardille, perruquier de la duchesse du Maine, a trempé dans la conspiration de Cellamare, et, poursuivi par la police, il est sauvé par Margot. Celle-ci en devient amoureuse; mais Bernardille aime Toinon. La boulangère jalouse livre à la justice le pauvre perruquier

conspirateur. Toinon obtient du Régent la grâce de son amant. Cet ouvrage a eu un grand succès, que l'on ne comprendrait guère sans l'engouement du public pour la musiquette de M. Offenbach et surtout pour le jeu excitant et provocant des actrices. Les morceaux les plus applaudis sont: la chanson suisse : *Ah! Montame, je n'étais pas là;* la romance : *Elle est à moi;* les couplets : *L'Amour, c'est un capital;* les couplets du *Coco* et l'air populaire de la *Boulangère a des écus.* Chanté par Dupuis, Pradeau, Léonce, Berthelier, Baron, Mlles Schneider, Paola Marié, Aimée.

BOURGEOIS GENTILHOMME (LE), comédie de Molière, jouée devant le roi à Chambord au mois d'octobre 1670, avec la musique de Lulli, puis sur le théâtre du Palais-Royal le 28 novembre de la même année, reprise en 1852 au Théâtre-Français, à l'occasion de l'anniversaire de Molière, avec la musique du maître, arrangée par M. Jules Cohen, reprise de nouveau en janvier 1876 au théâtre de la Gaîté, avec de nouveaux changements, des accompagnements écrits sur la basse chiffrée et une orchestration de fantaisie par M. Wekerlin. Les fragments symphoniques qui nous sont restés dans les opéras du compositeur florentin auraient pu servir de modèles pour ce genre de travail, et l'effet en serait encore intéressant si les études en étaient dirigées avec la connaissance du style de cette époque.

BOUTON PERDU (LE), opérette en un acte, livret de MM. Grangé et Bernard, musique de M. Talexy, représentée aux Bouffes-Parisiens le 7 mars 1874. Comme la scène se passe en Espagne, le musicien a donné un tour madrilène à ses inspirations. On y remarque des boléros et un charmant morceau de hautbois. Chanté par Ed.-Georges, Mmes Peschard et Cuinet.

BRACONNIERS (LES), opéra-bouffe en trois actes, livret de MM. Chivot et Duru, musique de M. J. Offenbach, représenté au théâtre des Variétés le 29 janvier 1873. C'est une suite de drôleries qui se passent dans la province du gouverneur de Bigorre et auxquelles prennent part Rastamagnac, Marcassou, Bibletta, Bibès et la jolie barbière Ginetta, etc. La partition se compose de motifs décousus, vulgaires et sautillants. On a remarqué les couplets du *Bouton de rose*, une sérénade, un duetto, le quatuor des *Assassins* et le galop de la *Mule.* Chanté par Dupuis, Berthelier, Grenier Léonce, Mlles Bouffar, Heilbron.

BRANCHE DE GENÊT (LA), opéra-comique, livret de M. Jules Rogeron, musique de M. Febvre, représenté à Angers en avril 1875.

BRANKOVICS GYÖRGY, opéra hongrois, musique de Franz Erkel, représenté au Théâtre-National de Pesth en juin 1874. Cette œuvre nouvelle du compositeur paraît destinée à avoir le même succès populaire que son *Ladislas Hunyadi*.

C

CACCIATA DEL DUCA D'ATENE (LA) [*l'Expulsion du duc d'Athènes*], opéra seria, livret de M. le chevalier Bartolommeo Fiani, musique de M. CesareBacchini, représenté au théâtre Pagliano, à Florence, en février 1874. Les Florentins, après la défaite du capitaine Malatesta, dans la guerre contre les Pisans, donnèrent le pouvoir à Gualtieri, duc d'Athènes, vassal du roi de Naples. Il exerça une domination si cruelle et si despotique qu'une vaste conspiration se forma contre lui, dans laquelle entrèrent les principaux habitants de Florence. Il fut tué avec quelques-uns de ses partisans. L'auteur du livret a traité cet événement historique du XIVᵉ siècle en y ajoutant divers incidents romanesques, et particulièrement l'amour de Rinaldo, capitaine des gardes de Gualtieri, et de Matilda, fille d'Adimari, l'un des conspirateurs. La musique de M. Bacchini a été jugée dramatique, mais son instrumentation lourde et bruyante. Le succès ne paraît pas s'être maintenu, malgré l'intérêt qu'offrait le poëme.

CACCIATORE (IL) [*le Chasseur*], opéra italien, musique de Canovasso, représenté au théâtre Santa-Radagonda de Milan. Cet ouvrage est tombé à plat.

CAGLIOSTRO, opéra bouffe en quatre actes, musique de Johann Strauss, représenté au théâtre An der Wien, à Vienne, en mars 1875. Le personnage est, comme on le sait, Joseph Balsamo, l'un des plus fameux imposteurs du XVIIIᵉ siècle. La scène se passe à Vienne en 1783, dit le livret ; on aurait dû choisir une autre date. Cagliostro était alors à Strasbourg. Mais cela importe peu. La musique est fort jolie, gracieuse et fourmille de motifs. Chanté par Friese, Tzika, Girardi, Mˡˡᵉ Geistinger.

CALIGOLA, opéra italien, musique de Braga, représenté à Lisbonne le 23 janvier 1873.

CAMPANA DELL' EREMITAGGIO (LA) [*la Cloche de l'ermitage*], opéra italien, musique de Sarria, représenté avec succès au théâtre Mercadante de Naples en septembre 1875.

CANNEBAS, opérette allemande, musique de Suppé, représentée à Berlin sur le théâtre de Friedrich-Wilhemstadt en octobre 1873.

CAPRICCIOSA (LA), opéra italien, musique de M. Valentin, représenté au théâtre delle Logge de Florence en mars 1874.

CARLO DI BORGOGNA, opéra italien, musique de Musone, représenté au théâtre Mercadante, à Naples, en mars 1876.

CARMEN, opéra-comique en quatre actes, livret de MM. Henri Meilhac et Ludovic Halévy, musique de Georges Bizet, représenté au théâtre national de l'Opéra-Comique le 3 mars 1875. Le sujet de la pièce a été tiré de la nouvelle de Mérimée portant le même titre. Le style du romancier, exact et froid comme une photographie, le cynisme de sa pensée m'ont toujours fait regarder le succès de ses œuvres littéraires comme un symptôme alarmant de démoralisation, et, à l'exception de Colomba, dont un compositeur pourrait tirer un excellent parti, je crois qu'il n'y a aucun profit à s'associer à ses conceptions fantasques où le sentiment de la nature n'a aucune part, où ne brille aucun élan généreux, dépourvues enfin de toute inspiration lyrique. M. Bizet en a fait la cruelle expérience. Son opéra renferme de beaux fragments, mais l'étrangeté du sujet l'a lancé dans la bizarrerie et l'incohérence. Il suffit de donner ici une très-sobre analyse de cette pièce pour justifier ce qui vient d'être dit. Au premier acte, la scène se passe à Séville, devant la porte d'une manufacture de tabac, près de laquelle est un corps de garde. Une jeune fille, Micaëla, se présente et demande à parler au brigadier don José, son compagnon d'enfance et son fiancé. Les cigarières sortent de la fabrique, la cigarette aux lèvres, et se mêlent effrontément à la troupe des soldats. Carmen paraît bientôt ; c'est une fille de joie. Les soldats l'entourent, et c'est à qui sollicitera ses faveurs.

Carmen ! sur tes pas nous nous pressons tous !
Carmen ! sois gentille ; au moins réponds-nous,
Et dis-nous quel jour tu nous aimeras !

CARMEN.

Quand je vous aimerai ? Ma foi, je ne sais pas.
Peut-être jamais ! peut-être demain !...
Mais pas aujourd'hui, c'est certain.

Tel est le ton de la pièce. Carmen chante une *habañera*, chanson espagnole : l'*Amour est enfant de bohème*, etc. Elle regarde don José, va droit à lui et lui lance un bouquet qu'elle a détaché de son corsage. Voilà cet homme, à partir de ce moment, pris d'une passion insensée pour cette vile créature, et, durant quatre actes, il deviendra successivement, et presque sans remords, parjure, déserteur, bandit, voleur, contrebandier, assassin. Cependant Micaëla lui remet une lettre de sa mère, et, de sa part, naïvement, trop naïvement même pour les convenances dramatiques, lui donne un baiser que José veut bien lui rendre, comme si une mère pouvait charger une jeune fille de donner la première un baiser à son fiancé. Mais il s'agit bien de convenances dans le théâtre contemporain ! Il faut reconnaître, pour être juste, que don José sent sa passion fléchir en présence de l'honnête et pure villageoise. Mais cela ne dura que le temps de chanter un duo. Un tumulte épouvantable survient ; c'est la Carmencita qui s'est battue avec ses compagnes et a blessé l'une d'elles. L'officier Zuniga la fait arrêter, et on lui lie les mains, pendant qu'elle chante une séguidille et donne rendez-vous à son amant à l'auberge de Lillas Pastia. Restée seule avec don José, celui-ci délie les cordes qui lui serrent les mains, et, lorsqu'elle est emmenée par les soldats, elle les bouscule et s'échappe en riant aux éclats. Tel est le premier acte.

Le deuxième se passe chez Lillas Pastia. Je ne me rappelle pas qu'on ait vu au théâtre de l'Opéra-Comique une scène d'aussi mauvais goût que celle-ci. Des officiers sont à table avec Carmen, Frasquita, Mercédès et d'autres bohémiennes. Elles montent sur les tables, elles fument et dansent naturellement. L'officier Zuniga, le même qui avait fait arrêter Carmen, est dans les meilleurs termes avec sa prisonnière. Arrive le torero Escamillo, lequel à son tour s'empare du cœur de la bohémienne : et de trois ! en deux actes, c'est beaucoup. Le dancaïre propose ensuite un coup à faire, et les soldats partis, cette aimable société lui offre le concours de ses talents dans un quintette mouvementé. Don José vient rejoindre Carmen au rendez-vous qu'elle lui a donné au premier acte. Le clairon a beau sonner la retraite, la sirène de carrefour le retient, et, comme le brigadier veut partir, elle se fâche en ces termes :

Ah ! j'étais vraiment trop bête !
Je me mettais en quatre et je faisais des frais ;
Je chantais ! je dansais !
Je crois, Dieu me pardonne,
Qu'un peu plus je l'aimais !
Ta ra ta ta... c'est le clairon qui sonne !
Ta ra ta ta... Il part... il est parti !
Va-t'en donc, canari !
Tiens ! prends ton shako, ton sabre, ta giberne,
Et va-t'en, mon garçon, retourne à la caserne !

Et moi, qui me plaignais jadis de la négligence avec laquelle Scribe rimait les poëmes des opéras d'Auber !

Don José, séduit par tant d'éloquence, jure à Carmen un éternel amour, consent à déserter, et il part en campagne avec les bohémiens.

Au troisième acte, les contrebandiers célèbrent par leurs chants la gloire de leur état et profèrent des maximes sur l'inconstance de la fortune ; Carmen et ses compagnes se tirent les cartes. Micaëla tente un dernier effort pour arracher don José à sa vie d'aventures. Elle lui apprend que sa mère veut le voir, lui pardonner avant de mourir. Les scènes dans lesquelles paraît Micaëla sont touchantes et intéressantes ; quoiqu'elles semblent calquées sur des scènes analogues de *Robert le Diable*, elles sont accueillies avec un soupir de satisfaction par le spectateur. Mais don José est jaloux du toréador. Il s'est aperçu que Carmen le lui préférait. Il part cependant avec Micaëla, mais la rage dans le cœur et jurant de se venger d'Escamillo, qu'il a voulu tuer déjà, et de Carmen qu'il tuera au dernier acte. En effet, et pour terminer l'analyse de ce singulier poëme d'opéra-comique, au dernier acte, Escamillo, ayant auprès de lui Carmen radieuse, se dispose à combattre dans les courses de taureaux, et il entre dans le cirque. Don José paraît ; il veut emmener Carmen. Celle-ci résiste aux prières, aux menaces. Elle déclare qu'elle aime le toréador, et au moment où, l'entendant acclamé par la foule, elle s'élance vers la porte du cirque, don José la frappe d'un coup mortel, et la toile tombe après ces mots adressés à la foule sortant du cirque : *Vous pouvez m'arrêter... c'est moi qui l'ai tuée ! Ah! Carmen! ma Carmen adorée!*

Il paraît qu'on ne se donne même plus la peine de faire des vers, dans ce genre de livrets à l'usage des auteurs impressionnistes. La recherche du pittoresque et de la couleur locale a beaucoup trop préoccupé M. Bizet dans cet ouvrage; en second lieu, il a voulu donner des gages aux doctrinaires qui s'intitulent les apôtres de la musique de l'avenir, en rompant avec ce qu'on regardait jusqu'ici comme les traditions du goût, la satisfaction de l'oreille, l'harmonie, dans le sens concret et spécial du mot. Enfin, lorsqu'il s'est résigné à rester lui-même, c'est-à-dire un musicien très-bien doué, ayant fait de fortes études, possédant l'art d'écrire, ayant les qualités propres au compositeur français, la clarté, le tour mélodique, le goût, l'esprit, la sensibilité, il a su tirer de ce livret, aussi mauvais dans le fond que dans la forme, des idées musicales d'une valeur réelle et qui pourront survivre à la pièce. J'espère qu'un bonheur posthume lui sera réservé et que son œuvre si considérable sera protégée contre la mauvaise impression laissée par le poëme. Il sera nécessaire de refaire le livret, d'en retrancher les vulgarités, de lui ôter ce caractère de réalisme qui ne convient pas à une œuvre lyrique, de faire de Carmen une bohémienne capricieuse et non une fille de joie, de don José un ensorcelé d'amour, mais non pas un être vil et odieux. Les deux rôles du toréador et de Micaëla sont excellents; aussi le musicien les a-t-il bien traités. Il a trouvé pour le premier la note énergique, franche, sonore, je dirai presque fanfaronne, et pour le second la tendresse émue et l'accent du cœur. Laissant dans les ombres de la musique *sans avenir* de trop longues pages de la partition, j'appellerai l'attention du lecteur sur les passages suivants :

Dans le premier acte, le chœur en *mi* majeur : *Il y sera quand la garde montante remplacera la garde descendante.* Que les musiciens devraient se trouver à plaindre d'avoir à mettre en musique de telles paroles! la chanson espagnole, *habañera :* l'*Amour est un oiseau rebelle;* le duo de Micaëla et de don José : *Parle-moi de ma mère;* dans le deuxième acte, la chanson bohème : les *Tringles des sistres tintaient;* le petit chœur en *ut: Vival le torero!* les couplets du toréador; l'allegretto du duo de Carmen et de don José : *Si tu m'aimais, là-bas tu me suivrais;* l'allegretto de Carmen : *Bel officier;* dans le troisième acte, le chœur: *Sans souci du soldat;* le trio des cartes; l'air de Micaëla: *Je vais*

voir de près cette femme; la phrase : *Je te tiens, fille damnée!* dans le finale ; enfin, au quatrième acte, l'allegro du duo final: *Mais, moi, Carmen, je t'aime encore.* Distribution : don José, Lhérie; Escamillo, Bouhy; le dancaïre, Potel; le remendado, Barnolt; Zuniga, Dufriche; Moralès, Duvernoy; Lillas Pastia, Nathan; un guide, Teste; Carmen, Mme Galli-Marié; Micaëla, Mlle Chapuy; Frasquita, Mlle Ducasse; Mercedès, Mlle Chevalier.

CARNAVAL DE ROME (LE), opérette allemande, musique de Johann Strauss, représentée sur le théâtre An der Wien, à Vienne, le 1er mars 1873. Chanté par Albin Swoboda, Szika, Friese, Mmes Geistinger et Charles.

CATALANA, opéra italien, musique de Guglielmo Branca, représenté au théâtre de La Pergola, à Florence, en février 1876.

CÉLESTE, opéra italien, musique de De Stefani, représenté au théâtre Manzoni de Milan en juillet 1874. Le sujet est tiré d'une idylle de Leopoldo Marenco.

CENT MILLE FRANCS ET MA FILLE, opérette en quatre actes, musique de M. Jules Costé, représentée au théâtre des Menus-Plaisirs le 27 avril 1874. On a applaudi dans cet ouvrage un chœur de brigands.

CERISIER (LE), opéra-comique en un acte, livret de M. Jules Prével, musique de M. Duprato, représenté au théâtre national de l'Opéra-Comique le 15 mai 1874. Le conte de Marguerite de Navarre, qui a fourni à La Fontaine le sujet de sa *Servante justifiée,* ne pouvait être mis à la scène qu'avec bien des précautions. La pièce a été assez bien accueillie. Quant à la musique, on y a remarqué çà et là de jolis motifs traités avec goût, principalement les couplets : *Avant la noce,* et un charmant duo. Chanté par Thierry, Barnolt, Mlles Révilly, Reine et Chevalier.

CESARIO, opéra allemand, livret de M. Émile Taubert, d'après la pièce de Shakspeare *As you like (Comme il vous plaira),* musique de Wilhelm Taubert, oberkapellmeister, représenté à l'Opéra de Berlin le 13 novembre 1874. Cet ouvrage, d'un musicien de mérite, a été bien accueilli. Chanté par Betz, Schmidt, Krolop, Barth, Fricke, Schott, Mmes Mallinger, de Voggenhuber, Lehmann.

CHARLOTTE CORDAY, grand opéra, musique de M. Pierre Benoît, représenté au théâtre flamand à Anvers le 18 mars 1876. La scène tragique de 1793 me semble peu compatible avec la symphonie des voix et des instruments, fût-elle même traitée d'après les prétendus principes d'esthétique de l'école flamande, dont M. Pierre Benoît est regardé comme un des protagonistes. Les partisans de cette école ont acclamé la partition.

CHASSE AUX RIVAUX (LA), opérette en un acte, livret de M. Francis Tourte, musique de M. le marquis Jules d'Aoust; représenté dans la salle Herz le 23 janvier 1876. La scène se passe sur les bords d'un lac en Suisse. Dans cette pièce vive et gaie, une jeune aubergiste se joue agréablement de la jalousie d'un riche voyageur épris d'elle, et parvient à se faire doter par lui pour épouser celui qu'elle aime. La musique est mélodique, toujours gracieuse et en harmonie avec le sujet. On a applaudi surtout un duo, la romance du lac et une jolie valse. Chanté par Gallois et Mlle Marcus.

CHAUMIÈRE INDIENNE (LA), opéra en deux actes, musique de Gaveaux, représenté en 1792. Cet ouvrage a été le début du compositeur. Un air a été populaire : *J'apprends qu'un jeune prisonnier.*

CHIGNON D'OR (LE), opérette, livret de MM. Grangé et Tréfeu, musique de M. Émile Jonas, représenté sur le théâtre des Fantaisies-Parisiennes à Bruxelles, en octobre 1874. Chanté par Joly et Mlle Luigini.

CLAIR-DE-LUNE, opéra bouffe en trois actes, livret de MM. E. Dubreuil et H. Bocage, musique de M. A. Cœdès, représenté aux Folies-Dramatiques le 11 mars 1875. Clair-de-Lune est le fils de Clodomir XXIV, roi de Hongrie, que le sénéchal Alfarin a vendu dans son bas âge à Misère, chef d'une bande de bohémiens. Il lui a substitué sa fille Clorinde, que les Hongrois croient être un garçon. On devine qu'un jour Clorinde rencontre Clair-de-Lune, en est éprise, et qu'elle fait remonter celui-ci sur le trône de ses ancêtres. La musique en est fort légère et écrite avec facilité. Chanté par Milher, Hamburger, Luco, Mme Toudouze, Mlles Raphaël et Rose-Marie.

CLAIRETTE ANGOT EN TURQUIE, opérette en un acte, livret de MM. Roustan et Isch, musique de M. Emmanuel Baumann, représentée à l'Alcazar de Marseille en mai 1874.

CLÉOPATRA, opéra italien, musique de Lauro Rossi, représenté au Teatro regio de Turin en mars 1876. Chanté par Patierno Moriami, Nannetti, Mmes Singer et Ebe Treves.

COLA DI RIENZI, opéra italien, musique de Persichini, représenté à Rome en juillet 1874.

Il n'est pas à ma connaissance que ce sujet ait été l'occasion d'un succès. Un opéra de Rienzi reste à faire, même et surtout après celui de M. Richard Wagner. Plus intéressant, plus sympathique, que Masaniello, Rienzi a eu pour confident de ses pensées, pour ami, un grand poëte, l'un des plus célèbres de l'Italie, et ce personnage a été oublié. Ce poëte, ce personnage lyrique, c'est Pétrarque!

CONFESSION DE ROSETTE (LA), opérette en un acte pour un seul personnage, livret de M. Pierre Véron, musique de M. R. Planquette, jouée sur des théâtres de société en 1876 par Mme Théo, chantant les quatre morceaux de la partition. Le jeu de l'actrice a pu seul donner quelque intérêt à cet ouvrage.

CONTE DI BEUZEVAL (IL), opéra italien, musique de Lucilla, représenté à Ferrare le 23 janvier 1873.

CONTE DI LARA (IL), opéra italien, musique de Venturelli, représenté au théâtre Pagliano de Florence en février 1876.

CONTESSA DI MEDINA (LA), opéra italien, musique de Chessi, représenté à la Scala de Milan en octobre 1873. Cet ouvrage n'a eu qu'une seule représentation.

CONTESSA DI MONS (LA), opéra italien, musique de Lauro Rossi, représenté au Teatro regio de Turin en février 1874. Cet ouvrage a obtenu un brillant succès, et il se distingue par l'accent dramatique et par une science consommée dans l'art d'écrire.

CORSAIR (THE), opéra anglais, livret tiré du poëme de Byron, musique de M. Charles Deffell, représenté à l'Opéra du Crystal Palace le 1er avril 1873.

COUPE DU ROI DE THULÉ (LA), opéra en trois actes et quatre tableaux, livret de MM. Louis Gallet et Edouard Blau, musique de M. Eugène Diaz, représenté au théâtre national de l'Opéra le 10 janvier 1873.

Cet ouvrage a été couronné au concours ouvert par le ministre des beaux-arts en 1867. Je ne sais où les membres du jury avaient l'esprit le jour où ils ont imposé aux musiciens un livret aussi peu scénique et conçu sur une donnée aussi bizarre que celle de la *Coupe du roi de Thulé*. Ce titre, pris à la chanson que Marguerite fredonne dans le *Faust* de Gœtbe, et dont MM. Barbier et Gounod ont fait une ballade intéressante dans leur opéra de *Faust*, a servi de prétexte pour imaginer un poëme d'un caractère moitié germain, moitié scandinave, qui n'est ni franchement mythologique, ni soumis aux conditions de l'existence humaine, où l'humanité se trouve en communauté d'action avec des divinités marines. Ce livret n'est ni chair ni poisson. Le spectateur est transporté de l'intérieur d'un palais dans le sein des flots. C'est un opéra amphibie. Comme on va le voir dans une courte analyse,. les auteurs eussent pu éviter les inconvénients de cette impression vague et double en prenant le parti d'idéaliser davantage l'action humaine' et de ne pas introduire dans des tableaux poétiques qui ne manquent pas de charme des scènes réalistes, des idées trop modernes et des allusions fréquentes aux émotions flottantes du forum populaire.

Cette coupe du roi de Thulé, d'accessoire purement symbolique qu'elle était, est devenue une coupe enchantée à la possession de laquelle le pouvoir est attaché. Le vieux roi de l'île de Thulé meurt et lègue cette coupe à Paddock, son bouffon, de préférence à Angus, son ministre, avec l'injonction de la donner *au plus digne*, absolument comme Alexandre le Grand avait fait remettre son anneau royal. Paddock, qui, tout bouffon qu'il est, est chargé d'être dans la pièce l'organe de la morale, comme Triboulet dans *le Roi s'amuse*, et beaucoup d'autres qui valaient moins encore que lui dans une foule d'ouvrages dramatiques, Paddock donne une leçon aux courtisans et jette la coupe à la mer. La belle Myrrha, la complice d'Angus, et qui espérait régner, partage plus que tous la fureur générale et promet son amour à qui lui rapportera cette coupe précieuse. Myrrha exerce sur tous un charme de séduction irrésistible. Le vieux roi est mort de douleur de n'avoir pu triompher de son indifférence. Un jeune pêcheur, Yorick, qui en est amoureux en secret, saisit l'occasion qui lui est offerte de prouver sa passion à Myrrha.

MYRRHA.

Sans la coupe, présent de la reine des ondes,
La légende le dit, nul ne triomphera !
Ce talisman perdu sous les vagues profondes,
Ah! mon amour à qui me le rapportera !

YORICK.

Myrrha, la brise est forte
Et le flot écumant;
Si la mer me rapporte,
Garde-moi ton serment.

Et il se précipite dans la mer. La reine des ondes, Claribel, a déjà conçu un tendre sentiment pour le jeune pêcheur ; elle a fait mettre dans ses filets des perles précieuses qu'il s'est empressé d'offrir à Myrrha. Elle veut donc faire oublier à Yorick ses amours terrestres ; elle lui fait voir dans une barque Angus et Myrrha chantant leur amour. Le pêcheur, hors de lui, demande à retourner sur la terre. Claribel lui remet la coupe en lui disant que, s'il n'est pas aimé de Myrrha, il n'aura qu'à l'invoquer trois fois en buvant dans cette coupe, et qu'elle le vengera. Il promet de revenir auprès de Claribel après cette épreuve. Yorick trouve l'île de Thulé en proie aux factions. Chacun veut s'emparer du pouvoir. Il y a même là une scène assez comique qui pourrait avoir quelque raison ailleurs que dans un opéra :

HAROLD.

La coupe étant perdue,
Nous demandons, et le peuple avec nous,
Que toute voix soit entendue
Pour choisir celui-là qui doit régner sur nous.

ANGUS.

Eh ! croyez-vous que l'on hésite ?
Quel autre nom vaudrait le mien ?

PADDOCK.

Sans contester votre mérite,
Chacun n'a-t-il donc pas le sien ?

LE CHŒUR.

Il pense bien, il parle bien.

Pendant que chacun brigue les faveurs d suffrage universel, Yorick rapporte la coupe qu'il offre à Myrrha. Celle-ci se contente de remercier notre pêcheur, lui promet une récompense honnête, remet la coupe à Angus et le peuple les acclame dans ces vers qui ne brillent pas par la logique :

Notre voix a fixé la fortune indécise ;
Salut à la beauté, près de la force assise ;
Angus et Myrrha, devant vous,
Peuple et seigneurs sont à genoux.

C'est alors que Yorick se souvient de la promesse faite à Claribel. Lorsque son tour est venu de boire dans la coupe, il chante les invocations à la déesse des ondes : le palais s'écroule, Myrrha est foudroyée et le pêcheur se range sous les lois de Claribel.

La partition de M. Diaz offre, à côté de défauts résultant d'études incomplètes et de l'inexpérience dans l'art d'écrire, des mélodies bien appropriées au sujet. C'est une musique faite avec intelligence et qui n'est pas dépourvue d'inspiration. La nature des idées, le goût apporté dans l'expression des paroles me portent à penser que le talent de M. Diaz pourrait se déployer avec plus de succès dans l'opéra-comique et dans les ouvrages de demi-caractère que sur la scène de l'Opéra. Son harmonie n'est pas assez forte, ses chœurs manquent de puissance, de chaleur, d'effet.

Il y a aussi quelque monotonie dans l'ensemble, à cause de la fréquence de la tonalité de *si* majeur que le compositeur semble affectionner ; quelques incorrections çà et là (page 27 de la partition, dernière ligne) et des appogiatures dont M. Offenbach a trop abusé pour qu'on aime à les rencontrer dans un ouvrage distingué, d'une portée sérieuse et d'un sentiment poétique comme l'opéra de M. Diaz. Je signalerai, parmi les morceaux les plus intéressants : dans le premier acte, la romance d'Yorick : *la Nature entière me semble un doux reflet de sa beauté ;* la phrase : *Myrrha, la brise est forte et le flot écumant* dans le finale, ainsi que l'ensemble dans lequel Paddock brave les courtisans ; dans le deuxième acte, le chœur à bouches fermées ; l'air de Claribel : *Pour le laisser venir vers nous, souffles des mers, apaisez-vous !* le chœur dansé : *Nouons et dénouons la chaîne ;* l'andante en *la* majeur du ballet. La mesure à sept temps employée par le compositeur dans le duo de Claribel et d'Yorick ne me paraît pas heureuse. Il faut que ces incartades soient couronnées par le succès pour être amnistiées, comme on l'a vu dans l'air de George au deuxième acte de la *Dame blanche.* Le duo de la vision et le chœur des sirènes : *O Zéphire, dieu léger,* terminent avec beaucoup de charme le deuxième acte. Dans le troisième, on a remarqué l'air de Myrrha et le finale du premier tableau : *Heureux pêcheur, double aubaine,* en style d'imitation. Distribution : Paddock, Faure ; Yorick, Léon Achard ; Angus, Bataille ; Harold, Gaspard ; l'intendant, Auguez ; Myrrha, Mme Gueymard ; Claribel, Mme Rosine Bloch ; une sirène, Mlle Arnaud.

COUSIN DON CÉSAR (LE), opéra-comique en deux actes, livret de M. de Saint-Alme, musique de M. Georges Rose, représenté au théâtre Tivoli en février 1873. Le sujet a été tiré de *Gil Blas.*

CRÉOLE (LA), opéra-comique en trois actes, livret de M. Albert Millaud, musique de

M. J. Offenbach, représenté aux Bouffes-Parisiens le 3 novembre 1875. L'action se passe au temps de Louis XIV. Le commandant Adhémar de Feuilles-Mortes veut marier Antoinette, sa pupille, à son neveu René, le mousquetaire. Antoinette est aimée de Frontignac, l'ami de René. Pendant que le commandant est en pleine mer, René presse le mariage de son ami avec Antoinette, car il a laissé à la Guadeloupe l'objet de ses amours, la belle créole Dora. Adhémar revient brusquement et ramène à son bord la maîtresse de son neveu. Comment lui annoncer que ses ordres d'hyménée ont été méconnus ? Dora se charge d'obtenir son consentement en s'emparant d'une lettre de Duguay-Trouin, qui contient un avis important, et en ne la remettant à Adhémar qu'à la condition qu'il approuvera le double mariage. Sur ce livret peu intéressant, M. Offenbach a brodé une musiquette dénuée de toute originalité ; ce sont toujours les mêmes phrases écourtées et jetées dans le même moule rhythmique. Le deuxième acte a été le mieux accueilli ; la villanelle : *Je croyais que tu m'aimais,* chantée au clavecin par Antoinette, a quelque peu le caractère archaïque, mais l'accompagnement en est bien pauvre. La romance de Dora : *Il vous souvient de moi, j'espère,* est monotone, et ses couplets : *Si vous croyez que ça m'amuse,* sont d'aussi mauvais goût que le duo d'amour qui les suit. La chanson créole ne vaut guère mieux. M. Offenbach persiste dans des enfantillages qui ont fini par fatiguer le public, tels que des répétitions de mots et de syllabes. Ici, c'est un chœur sur les paroles : *René, René, René, René ;* là, c'est : *je t'aim', t'aim', t'aim', t'aim' ;* ailleurs, c'est : *qui ? qui ?* plus loin, c'est : *Coco.* Dans le dernier acte, la chanson des *Dames de Bordeaux* a été bissée. Distribution : Dora, Mme Judic ; René, Mme Van-Ghell ; Antoinette, Mme Luce ; le commandant, Daubray ; Frontignac, Cooper ; Saint-Chamas, Fugère.

CROIX D'OR (LA), opéra-comique allemand, livret de Mosenthal, tiré du vaudeville français : *Catherine* ou *la Croix d'or,* de Brazier et Mélesville, musique de Ignaz Brüll, représenté à l'Opéra de Berlin en décembre 1875. Cet ouvrage a obtenu un certain succès.

CRUCHE CASSÉE (LA), opéra-comique en trois actes, livret de MM. Moinaux et Noriac, musique de M. L. Vasseur, représenté au théâtre Taitbout le 27 octobre 1875. La pièce est un commentaire fort détaillé du célèbre tableau de Greuze. Aux sous-entendus, aux

réticences, aux équivoques vient s'ajouter le
jeu des actrices tel que la liberté ou plutôt
la licence des théâtres l'a permis. Un couplet
eût suffi ; trois actes, c'est vraiment trop. La
musique est très-faible. On n'a remarqué
qu'une chanson espagnole au troisième acte.
Chanté par Bonnet, Luguet, Mme Chaumont
et Mlle Montaland.

CUORE DI MARINARO, opéra italien, musique de Sessa, représenté à Reggio d'Emilia
en juin 1876.

CURE MERVEILLEUSE (LA), opéra bouffe,
livret de M. Dessolins, musique de M. Ch.-L.
Hess, représenté au Théâtre-Français de
Rouen en janvier 1875.

D

DÉ (LE), opérette en un acte, livret fran-
çais du duc de Dino-Talleyrand, musique de
Hackensöllner, représentée dans la salle de la
Società filarmonica, à Florence, en février 1876.

DÉMON (LE), opéra en trois actes, livret de
Wiskowatoff, tiré d'une légende de Lermon-
toff, musique de M. Antoine Rubeinstein, représenté au théâtre Marie de Saint-Pétersbourg le 25 janvier 1875. Le sujet de la
pièce, qui rappelle un peu celui de *Robert le
Diable*, est intéressant. Le bon et le mauvais
ange se disputent l'âme d'une jeune fille,
fiancée du prince Sinodal. Au premier acte,
Sinodal voyage avec son escorte. Il rencontre
une bande de brigands, un combat s'engage ;
il y perd la vie. Au deuxième acte qui se
passe chez le père de Tamara, on se livre à la
joie et aux réjouissances que motive le prochain mariage de la jeune fille avec le prince.
Elles sont troublées par la nouvelle de la
mort tragique du fiancé. En apprenant son
malheur, Tamara fait vœu de se consacrer à
Dieu dans un couvent. Enfin, dans le troisième acte, le démon tentateur cherche à
perdre la jeune religieuse et l'entoure de tant
de séductions qu'elle est près de succomber ;
mais sa vertu triomphe de l'esprit du mal, et
la pièce finit ainsi. On voit que les auteurs
ont voulu sortir du cercle banal des livrets
d'opéras et je crois qu'on peut, sans imiter
celui de *Robert le Diable* et de plusieurs autres pièces représentées sur le même sujet,
trouver de belles situations avec cette donnée
de la lutte du bien et du mal. Mais il faut se
garder de transformer l'action dramatique en
une étude psychologique, l'opéra en oratorio,
la musique de scène en une symphonie toujours indécise dans son expression. Le peintre
Orsel a fait un tableau remarquable dans lequel le bien et le mal sont exprimés dans
leurs causes et leurs effets d'une manière va-
riée, dramatique, saisissante. Le musicien
peut certainement s'inspirer de ce sujet éter-
nellement intéressant ; mais il ne peut se
passer de l'action et des manifestations exté-
rieures pour émouvoir et donner de la vie à
son œuvre. Dans un opéra, les sentiments et
les passions ne doivent pas être décrits, mais
joués et chantés.

Le *Démon* de M. Rubinstein a obtenu du
succès, et on a applaudi des passages fort
remarquables et traités avec science et élévation. Chanté par Komissarewski, Melnikoff,
Mmes Raab, Krutikoff, Schröder.

DEMON'S BRIDE (THE) [*la Fiancée du
diable*], opéra bouffe anglais, livret de
MM. Leterrier et Vanloo, musique de M. G.
Jacobi, représenté à l'Alhambra de Londres
le 7 septembre 1874, avec un grand succès.

DEN BERGTANO (*la Montagnarde enlevée*),
opéra suédois, musique d'Ivar Hallstrom, représenté à Stockholm en août 1874.

DERNIÈRES GRISETTES (LES), opérette en
trois actes, livret de MM. Nuitter et Beau-
mont, musique de M. Legouix, représentée
sur le théâtre des Fantaisies-Parisiennes, à
Bruxelles, le 12 décembre 1874. La musique a
été goûtée, et quoique cet ouvrage n'ait pas
obtenu un grand succès, néanmoins plusieurs
morceaux ont été bissés en raison de l'extravagance du sujet, entre autres un chœur
d'emballeurs ! l'incohérence des idées, les
coq-à-l'âne semblent être les éléments de ce
genre de littérature. Des modistes de Paris
transportées dans le palais d'un monarque
d'Asie, l'une d'elles montant sur le trône,
puis épousant un photographe, tout cela n'est
pas très-lyrique. Chantée par Verdellet, Gi-
net, Mlles Massue, Howcy et Laurent.

DEUX AVARES (LES), opéra-comique en un

acte, musique de Louis Schubert, représenté
sur le théâtre de la Cour, à Wiesbaden, en
mai 1874.

DEUX BRACELETS (LES), opéra danois, livret et musique d'Axel Grandjean, représenté
à Copenhague en avril 1876.

DEUX JUMELLES (LES), opéra-comique en
un acte, paroles de Planard, musique de Fé-
tis, représenté en juillet 1823. On a remarqué
dans cet ouvrage le duo des sœurs, l'air.:
Est-ce vous? est-ce toi? et le sextuor final.

DEUX LOUPS DE MER (LES), opérette,
musique de M. Hubans, représentée au théâtre d'Enghien le 1er juillet 1876.

DEUX MOUSQUETAIRES (LES), opéra-comique en un acte, livret de Gensoul et Vial,
musique de Berton, représenté en décembre
1824. Les morceaux les plus remarqués dans
cet ouvrage sont : *Je suis confus, en vérité ;*
l'air d'Amélie : *Il va venir, celui que je préfère ;* le rondeau : *Ah! quel bonheur extrême!*

DEUX PAGES (LES), opéra-comique en un
acte, musique de Dezède, représenté en 1787.

DIANA DI CHAVERNI, opéra italien, musique de Sangiorgi, représenté au théâtre
Argentina de Rome en décembre 1875.

DIMITRI, opéra en cinq actes et sept tableaux, livret de MM. Henri de Bornier et Armand Silvestre, musique de M. Victorin Joncières, représenté à l'Opéra-National-Lyrique
le 5 mai 1876. Les auteurs de la pièce ont fait
un opéra de la tragédie de Schiller restée inachevée et intitulée : *Démétrius*. Dimitri, sous
le nom de Vasili, a été élevé dans un monas-
tère qu'il a quitté pour suivre Vanda ; cette
femme voulait en faire l'instrument de son
ambition. Mais Dimitri a conçu une passion
sincère pour Marina, fiancée au comte de
Lysberg. Il a tué le comte en duel, et, plongé
dans un cachot, il en a été tiré par Vanda. Le
comte de Lusace révèle au prieur du monas-
tère que ce jeune Vasili dont il lui a confié
l'éducation n'est autre que Dimitri, le fils du
tzar Ivan ; que Boris a usurpé le trône et règne dans Moscou, que le moment est venu de
le renverser et de rendre la couronne à l'héritier légitime. Dimitri fait connaître ce secret
à Marina et lui demande de se rendre au
château de Wiksa, où la tzarine Marpha, veuve
d'Ivan IV, pleure son fils qu'elle croit mort et
est captive de Boris. Le comte de Lusace les
surprend au moment où ils échangent leurs
serments d'amour.

Au deuxième acte, le comte de Lusace annonce à Vanda que Dimitri va être reconnu
roi et qu'il faut qu'elle obtienne sa foi pour
monter avec lui sur le trône. Resté seul avec
le jeune prince, il l'exhorte à abandonner Marina et fait tous ses efforts pour faire dominer
dans son âme la passion du pouvoir et l'ambition. Le roi de Pologne, arbitre alors des
destinées de la Russie, se déclare le protecteur des droits de Dimitri contre l'usurpateur
Boris, et lui conseille d'épouser Vanda.

Au troisième acte, Marina est auprès de
la tzarine Marpha ; elle lui apprend que son
fils vit encore et qu'il lui a juré sa foi. Marpha passe tour à tour des transports de la
joie aux angoisses du doute. Job, archevêque
de Moscou et ami de Boris, vient dire à
Marpha qu'un aventurier prétend être son
fils et qu'elle doit le désavouer. Marpha,
quoique hésitant intérieurement, est dési-
reuse de se venger de Boris. Elle congédie
l'archevêque en lui laissant croire que, loin
de désavouer Dimitri, elle le reconnaîtra pour
son fils. Dans un second tableau, Dimitri se
plaint au prieur de s'être laissé arracher le
serment d'épouser Vanda, il est vrai, pour
sauver sa patrie et sa mère. Un soulèvement
militaire a lieu contre Boris, qui est tué dans
son palais.

Au quatrième acte, on célèbre l'avène-
ment de Dimitri, et Lusace porte la santé
de la nouvelle tzarine, Vanda. Dimitri l'arrête. Lorsque la foule s'est éloignée, Lusace raconte au nouveau tzar sa propre histoire : quinze ans auparavant, Boris était régent de Russie ; il restait deux fils du tzar
Ivan ; l'aîné mourut ; son frère devait régner.
Boris proposa pour une forte somme à Lusace
de tuer Dimitri. Ce crime fut commis, et
comme le prix du meurtre ne fut pas payé,
Lusace choisit un enfant parmi ses esclaves,
le fit élever secrètement, avec la pensée d'en
faire un tzar. Cet enfant, connu longtemps
sous le nom de Vasili, n'est autre que le tzar
lui-même, qui doit épouser Vanda ou être dé-
claré par Lusace un esclave, fils d'esclave.
A ce récit, Dimitri frappe le comte de son
poignard. Sur ces entrefaites, Vanda arrive,
se précipite sur le corps de son père et témoigne qu'il respire encore. Marpha entre
sur la scène et voit emporter le corps de celui
qui a tué son fils. Resté seul avec Marpha,
Dimitri l'interroge, lui demande s'il est bien
son fils. Il se refuse à paraître devant le peuple qui réclame sa présence, si Marpha ne lève
ses doutes.

Dans l'acte cinquième, Vanda, le cœur dévoré par la jalousie, profère des menaces contre les deux amants qui semblent confiants dans leur fortune heureuse ; Lusace paraît sur les marches de l'église ; il n'est pas mort de sa blessure. Il fait répandre dans le peuple le bruit de l'usurpation du trône par un faux Démétrius, le fils d'un esclave, un moine apostat, et, lorsque le couronnement du tzar va avoir lieu, l'archevêque Job arrête Dimitri, lui fait connaître les doutes dont sa naissance est l'objet dans le peuple et demande à Marpha de jurer sur l'Évangile et sur la croix que le tzar est bien son fils. *Mon fils, dit-elle ; hélas!* et elle répète très-poétiquement les propres termes dans lesquels Dimitri l'aidait à vaincre ses doutes :

> Si Dieu, Marpha, qui nous compte les heures,
> Te l'a ravi, ton espoir, ton enfant,
> Je ne prends rien à ce fils que tu pleures,
> Je ne prends rien au noble fils d'Yvan.

Elle hésite encore, et ce moment d'hésitation précipite le dénoûment. Lusace armé d'une arquebuse paraît au balcon du Kremlin ; Vanda lui indique du doigt Dimitri. Marpha l'aperçoit, s'élance vers l'église pour jurer ; le coup part, Dimitri tombe et, en expirant, s'écrie : *Marina! ma mère, hélas! la vérité, mon Dieu, toi seul me la diras!*

Le drame, comme on le voit, est compliqué plutôt qu'obscur. Bien des spectateurs ne l'ont pas compris tout de suite, ce qui est une preuve que l'exposition laisse à désirer. La forme littéraire en est trop négligée. Une recherche excessive de l'effet pittoresque, des hors-d'œuvre développés, des chœurs en langue grecque ont plutôt nui à l'intérêt de l'action qu'ils ne lui ont servi. Néanmoins les situations sont fortes et on sent que le souffle de Schiller a passé par là.

La partition est l'œuvre d'un musicien fort habile, doublé d'un homme d'esprit. Les récitatifs sont phrasés et accentués avec intelligence et une volonté de les rendre expressifs qui ne se dément nulle part. Quant au style et à la perception idéale familière au compositeur, ils accusent l'influence des théories et des exemples du maître de Bayreuth. J'ai signalé ces tendances dans l'analyse que j'ai donnée du *Dernier jour de Pompéi* et du *Sardanapale* du même auteur (pages 782, 746). Elles sont devenues prépondérantes depuis. Je doute qu'elles favorisent longtemps le succès de cet artiste distingué. Une harmonie torturée, des passages chromatiques employés dans le mouvement contraire, les tonalités brisées systématiquement, un usage perpétuel d'altérations, des notes tenues qui n'ont qu'une

analogie très-éloignée avec le ton des autres parties, ce ne sont pas là des éléments de beauté ; en eux-mêmes, ils en sont la négation. Toutefois, il n'est rien que le goût ne puisse transformer, et bien des maîtres ont poussé l'audace aussi loin que possible sans compromettre l'art véritable. Ceux qui connaissent le vieil Haydn le savent bien. Il ne s'agit pas seulement de poser des problèmes, il faut les résoudre. Il ne faut pas entreprendre des sauts périlleux si on n'est pas sûr de retomber sur ses pieds. Un trop grand nombre de morceaux ont été conçus et exécutés d'après cette théorie qui remplace le jugement de l'oreille et le goût par des idées *à priori*, par des efforts d'imagination en dehors du domaine de l'art musical. Ces morceaux sont, dans le premier acte, le chœur des tsiganes, le double chœur : *Sainte patronne;* dans le second, le chœur de femmes : *Palais plein de lumière;* l'air de Lusace : *Pauvre femme ;* dans le troisième, les strophes : *Regardez dans les campagnes vertes;* l'air de ballet, la *Kolomyïka;* dans le quatrième acte, le duo : *Voici la vérité.* Pour en finir avec la critique, on pourrait trouver que le duo de Marina et de Dimitri dans le premier acte manque de distinction, que le motif du finale du deuxième acte : *Amour, verse en mon âme,* est un peu commun, comme aussi l'air de Vanda au cinquième acte : *Tout à l'heure, à cette fenêtre,* où se trouvent des fausses relations qui ne charmeront jamais les oreilles de personne. Le mérite du compositeur, sa sensibilité et son intelligence de l'art dramatique se manifestent pleinement dans les autres parties de l'ouvrage, dont les plus appréciées sont : le cantabile de Marina : *Vasili, mon seul amour;* la prière : *Exauce-nous, Seigneur;* le début du duo de Lusace et du prieur ; la rêverie de Marina : *Pâles étoiles;* les couplets de Lusace : *J'ai pour toute philosophie,* qui sont réussis et montrent quelles seraient les aptitudes du compositeur pour le genre de l'opéra-comique s'il ne préférait pas la nébuleuse esthétique allemande au goût français, aussi brillant que solide, aussi délicat que sûr. Je signalerai encore comme un duo d'un bon accent dramatique celui de Marina et de Marpha : *Pourquoi parler d'espérance?* l'arioso pathétique de Marpha: *Mon fils! il est mon fils!* dont la répétition du thème à l'octave grave produit un bel effet si l'artiste possède une voix de contralto suffisante; le ballet hongrois et une jolie valse en *fa.* Le chœur qui suit est d'une bonne sonorité. Quant à la chanson slave, ce n'est qu'un pont-neuf qui se dissimule mal derrière l'armure de la clef et les doubles dièses. La romance de Dimitri : *Si Dieu, Marpha, qui nous compte les heures*, est expressive ; on aurait pu cependant donner à cette mélodie une importance en rapport avec la situation et en faire la note caractéristique de l'opéra. Dans le cinquième acte, presque tout est à louer. Le trio dans lequel Marina et Dimitri chantent leur amour, tandis que la jalouse Vanda erre dans la nuit, en proie à ses pensées de vengeance, est très-beau. Le chœur qui suit offre dans l'orchestre une marche harmonique d'un excellent effet ; la forme scolastique ne l'atténue en rien. Le morceau qui précède le finale, d'ailleurs fort court, est le meilleur de tout l'opéra ; c'est la *Marche du couronnement*. Unité dans la composition, clarté et puissance de l'harmonie, variété des détails, instrumentation brillante, allure solennelle, cette marche réunit toutes les qualités requises dans ce genre de morceaux. L'opéra de M. Joncières a obtenu un légitime succès. Distribution : Dimitri, Duchesne ; Lusace, Lasalle ; Job, Gresse ; le prieur, Comte ; le roi de Pologne, Lepers ; Marpha, Mme Engalli ; Marina, Mlle Zina Dalti ; Vanda, Mlle Belgirard.

DOLORES, opéra italien, musique de Anteri-Manzocchi, représenté d'abord à Florence, puis au théâtre dal Verme de Milan, en juin 1875. La partition de ce jeune compositeur sicilien a été très-applaudie.

DON FABIANO DEI CORBELLI, opéra buffa, musique de Luigi Camerana, représenté au théâtre Balbo de Turin, le 10 juin 1874.

DON FERNANDO EL EMPLAZADO, opéra espagnol en trois actes, musique de M. Valentin Zubiaurre, représenté à l'Opéra de Madrid en avril 1874. Le rôle principal a été chanté par Tamberlick.

DON FINOCCHIO, opérette italienne, musique de Cotti Caccia, représentée sur le théâtre Doria, à Gênes, en octobre 1873.

DON MUCARADE, opéra bouffe, livret de

MM. Jules Barbier et Michel Carré, musique de M. Ernest Boulanger, représenté à l'Opéra-Comique en mai 1875. Il s'agit d'un tuteur ridicule qui, après s'être opposé au mariage de Pablo et de Pepita, finit par les marier ensemble. On a remarqué un duo et un air de basse dans ce petit ouvrage où règnent une gaieté franche et une mélodie facile.

DON QUICHOTTE, opéra-comique en trois actes, livret de MM. Jules Barbier et Michel Carré, musique de M. Ernest Boulanger, représenté au Théâtre-Lyrique en mai 1869. On a remarqué le duo du sommeil, les couplets de Sancho et l'air de Dulcinée.

DORMEUR ÉVEILLÉ (LE), opéra-comique en un acte, musique de Philidor, représenté en 1783 à la Comédie-Italienne.

DORNRŒSCHEN (*Églantine*), opéra allemand, musique de Ferdinand Langer, représenté avec succès à Mannheim le 18 mai 1873.

DOT MAL PLACÉE (LA), opéra-comique en trois actes, livret de M. Mancel, musique de M. P. Lacome, représenté au Théâtre-Lyrique (Athénée) le 28 février 1873. Cette farce est un peu trop gauloise. El señor Santa-Marina possédait une collection de médailles rares qui constituait toute sa fortune. Sur le point de tomber dans les mains de pirates, il l'a avalée. Pour doter sa fille, il éprouve une grave difficulté dont M. Purgon le débarrasse en un tour de main. Cette dot était en effet bien mal placée, surtout dans un livret d'opéra-comique. La musique a été trouvée agréable et ingénieuse. On a applaudi un duo sur *la medicina*.

DRIEKONINGENFEST (HET) [*la Fête des trois rois*], opéra-comique flamand, musique de M. Charles Miry, représenté au théâtre flamand de Bruxelles en janvier 1876.

DUCA DI TAPIGLIANO (IL), opéra-comique italien, livret de Ghislanzoni, musique de M. Cagnoni, représenté avec succès à Lecco, en octobre 1874. Chanté par Bottero, Fioravanti, Parasini et Mme Bellini.

E

EBEN-ARI, opéra-comique, musique de G. Dullo, représenté à Kœnigsberg le 24 mars 1876.

ECKEHARD, opéra allemand, livret de M. L. Bussier, musique de M. Moritz-Jaffé, représenté au théâtre Kroll de Berlin en août 1875, sans succès.

EDDA, opéra allemand, musique de M. Reinthaler, représenté au théâtre de la ville de Brême le 22 février 1875.

EDITTA, opéra espagnol, musique de M. Mariano Obiols, représenté sur le théâtre du Liceo, à Barcelone, en février 1874.

EIN KUSS (*Un baiser*), opéra tchèque en deux actes, musique de Smetana, représenté à Prague en novembre 1876. C'est probablement le dernier ouvrage du jeune compositeur, qui est devenu sourd. Cet opéra a été favorablement accueilli.

ELENA IN TROIA, opérette en trois actes, musique d'Alessio, représenté au Politeama de Florence, en juillet 1875.

ÉLÉPHANT BLANC (L'), opérette en quatre actes, livret de MM. Élie Frébault et Chabrillat, musique de M. Grisy, représentée aux Menus-Plaisirs en septembre 1873. Cette bouffonnerie promène le spectateur de Siam à Paris et à Saint-Flour, du palais du roi au Jardin d'acclimatation et devant une parade de queues-rouges. La musique offre de jolis détails. Chantée par Thévelin et Mlle Max Ferrari.

ELISIRE DI GIOVINEZZA, opéra-comique portugais, musique du vicomte d'Arneiro, représenté au théâtre San-Carlo de Lisbonne, en avril 1876.

ENLÈVEMENT SOUS L'ŒIL DE DIEU (L'), opéra allemand, livret de Langer, musique arrangée d'après les œuvres de Mozart par F. von Suppé, représenté au Carltheater de Vienne en mai 1873. Le sujet du livret est le mariage de Mozart avec Constance Weber. Ces sortes de pastiches ne réussissent jamais,

fort heureusement pour la gloire des grands maîtres et les intérêts bien compris de l'art.

ENRICO, opéra portugais, livret tiré du roman du poëte portugais Herculano, musique de Miguel-Angelo Pereira, représenté à Porto en février 1874. Le sujet est héroïque, puisqu'il se rapporte aux exploits de Pélage contre les Maures. La musique témoigne de fortes études et d'un sentiment très-dramatique.

ÉRINNYES (LES), drame antique en deux parties, de M. Leconte de Lisle, d'après Eschyle, musique de M. J. Massenet, représenté à l'Odéon le 6 janvier 1873. Le poëte a fait passer dans notre langue les fortes images de l'*Orestie*, et toutes les personnes versées dans la connaissance des œuvres du génie grec ont apprécié son œuvre consciencieuse et son intelligence des beautés de l'original. Mais une traduction aussi littérale, sans un mélange des pensées que d'autres civilisations ont accumulées dans les âmes et des sentiments qu'un développement plus complet a mis dans les cœurs, ne pouvait longtemps captiver le public. Au point de vue esthétique, je crois que le système suivi par nos anciens auteurs dramatiques valait mieux : Corneille, Racine, Crébillon, Voltaire, Lebrun et aussi Shakspeare, Métastase, Alfieri. Je doute qu'Auguste et les Horaces aient eu les grandes pensées que leur a prêtées Corneille.

Je sais que, bien différente de la Phèdre de Racine, la Phèdre antique était loin d'avoir une conscience aussi troublée et une telle horreur d'elle-même ; qu'importe ! si l'art dramatique s'enrichit de chefs-d'œuvre nouveaux et si les types anciens s'embellissent ou s'agrandissent, deviennent plus intéressants en se transformant. Cela n'empêche en aucune façon de lire les tragédies grecques dans l'original ou dans une traduction littérale.

La musique que M. Massenet a écrite pour cette tragédie se compose d'une introduction, de deux intermèdes et d'un mélodrame. On n'y a employé que des instruments à cordes, sauf dans l'introduction, où on entend quelques accords de trombones. Je ne parle pas des timbales et du tam-tam. Le premier morceau a un caractère de tristesse soutenu.

La succession d'accords un peu vagues et dans des tonalités indécises trouvait ici sa place beaucoup mieux que dans le cours d'une œuvre essentiellement lyrique. L'auteur a déployé dans l'espèce de déchaînement des éléments et des passions violentes qu'il a voulu exprimer les ressources d'une science d'orchestration consommée. Il y a employé les gammes stridentes des violons et les effets variés du rhythme. L'un des intermèdes offre une cantilène dont la mélodie n'a rien de bien original, sur un accompagnement d'*un sol passo* dont l'effet est excellent. Cette forme d'accompagnement persistant a un peu passé de mode ; Méhul et Sacchini en ont usé et peut-être abusé ; mais il donne de l'ampleur à une composition, et ce procédé convenait à un sujet antique, dont les décorations mêmes ont une harmonie calme et majestueuse. J'aime beaucoup moins le morceau exécuté pendant qu'Électre va pleurer sur le tombeau de son père Agamemnon ; il manque de caractère. Pour bien accompagner ces théories de jeunes filles qui s'avancent en cortége avec des lyres et des coupes d'or, il aurait fallu une sorte de marche funèbre sans dureté, gracieuse sans mollesse, sur un rhythme lent. Il m'a semblé voir un des admirables paysages de Poussin : le péristyle d'un temple ou d'un palais à gauche ; à droite, des rochers presque inaccessibles ; au fond, les montagnes de l'Argolide formant trois plans jusqu'à l'horizon, et au pied de la première colline le tertre sous lequel gît le corps du Roi des rois, entouré des jeunes Grecques la tête ceinte d'une couronne de fleurs. Le mélodrame, pendant lequel Électre se plaint des malheurs de sa famille et gémit sur le sort de son père et de son frère, est pathétique ; c'est un récit de violoncelle avec sourdine, dans lequel, par deux fois, une gamme chromatique descendante produit un effet d'expression douloureuse bien en situation. En résumé, la musique tient sa place honorablement dans l'œuvre dramatique si distinguée de M. Leconte de Lisle. Quant à lutter de puissance et d'intérêt avec la tragédie du vieil Eschyle, il n'y fallait pas penser. Gluck lui-même s'y serait montré inférieur, quoiqu'il ait écrit les deux *Iphigénie* et l'*Alceste*, et l'*Orphée*. Le bailli du Rollet avait passé par là et aplani les obstacles. Pourquoi cette défaillance en présence de l'original ? parce que notre système musical ne saurait se prêter à ces idées simples et fortes, d'une grandeur, d'une passion si réelles et si extraordinaires à la fois, que nos rhythmes et nos formules modernes contrasteraient trop avec elles. Je crois que la mélopée liturgique du moyen âge et les harmonies des Moralès et des Palestrina s'en rapprocheraient davantage. Il n'est pas si facile d'exprimer dans l'art des sons ces quatre choses qui forment la trame de l'*Orestie :* la terreur, la pitié, la fatalité et la crainte des dieux.

Les *Erinnyes* ont reparu à l'Opéra-National-Lyrique le 15 mai 1876 avec une musique beaucoup plus développée et des chœurs. M. Massenet a ajouté des morceaux et une instrumentation nouvelle, des clarinettes, des hautbois, des trompettes, des flûtes, des harpes ; il a introduit sa danse des *Saturnales* dans un ballet peu à sa place dans l'*Orestie.* L'effet de la tragédie a été beaucoup plus grand et plus réellement artistique à l'Odéon avec les moyens restreints d'une orchestration sobre ; au Théâtre-Lyrique, la musique devient la partie principale de l'œuvre qu'elle affaiblit en perdant elle-même son caractère. Joué par Taillade, Laute, Sicard, Mme Marie Laurent, Mlles Régnard, Broisat, Defresne et Volsy.

ESCLAVE (L'), opéra en quatre actes et cinq tableaux, livret de MM. Ed. Foussier et Got, musique de M. Edmond Membrée, représenté au théâtre national de l'Opéra le mercredi 15 juillet 1874. Le livret peu intéressant, rempli de trop fortes invraisemblances, où l'action repose sur des conventions locales étrangères à nos idées et oblige le spectateur à admettre des hypothèses difficiles à comprendre du premier coup, a entraîné dans sa chute une partition fort distinguée, remplie de mélodies agréables et offrant plusieurs belles pages. Le prince caucasien Kalodji est devenu l'esclave du comte russe Vassili ; poursuivi par son maître, il a trouvé un asile chez le pope Paulus, dont la fille, la belle Paula, sollicite la grâce du fugitif. Vassili confie Kalodji, blessé, aux soins du pope et se propose de séduire Paula ou de l'enlever. La reconnaissance et le dévouement ont produit l'amour que se jurent les deux jeunes gens. Le comte les surprend dans un moment où ils se font la promesse de vivre ou de mourir ensemble. Il humilie son esclave de toutes sortes de manières pour le déshonorer aux yeux de sa maîtresse. Moraskeff, ami de Kalodji, informe celui-ci du prochain soulèvement des esclaves. Vassili a fini par enlever Paula ; dans une orgie, les seigneurs ont choisi leurs maîtresses pour enjeu ; Vassili a perdu et est obligé de leur livrer Paula. L'esclave intervient pour la défendre ; mais que peut-il contre ses ennemis? Le pope se présente armé d'un ukase de l'empereur qui somme le comte de comparaître pour se justifier de sa conduite; Vassili offre au pope d'épouser sa fille. Celui-ci est flatté d'une si illustre alliance et donne son consentement. Paula refuse le sien et déclare devant tous qu'elle aime l'esclave. La loi russe ordonnant qu'en pareil cas la femme libre devienne esclave à son tour, le comte réclame Paula, et, à minuit, il viendra la chercher. Paulus, irrité du refus de sa fille, va la tuer; sa femme, Prascovia, se précipite au-devant du poignard. Les esclaves se sont soulevés; ils ont été vaincus et massacrés. Paula retrouve parmi leurs cadavres celui de son bien-aimé; elle se donne la mort, et lorsque Vassili revient, le pope lui montre le corps inanimé de sa fille et lui dit : « Prends-la! »

Dans le premier acte, il y a une scène religieuse d'un beau caractère, quand le pope explique à sa famille le récit biblique dans le sens de la rigueur et avec exaltation ; sa femme et sa fille l'interrompent par des accents d'amour et de charité émue. La romance de Paula ne manque pas de charme.

Le deuxième acte offre un joli chœur dansé: *C'est le mois des roses*, et le duo de Paula et de Kaledji.

La romance chantée par Vassili : *Pleure aujourd'hui, demain tu souriras*, et l'air de Kaledji implorant le comte et les seigneurs pour sauver l'honneur de celle qu'il aime sont les meilleurs fragments du troisième acte. Toutefois, on peut reprocher au musicien de ne pas avoir mis plus de variété dans cette dernière scène et d'avoir fait répéter aux

seigneurs la même phrase que l'esclave, puisque les sentiments sont différents.

Le duo du quatrième acte entre la mère et la fille est pathétique et rempli de belles phrases, d'une expression tendre et dramatique à la fois. Le trio qui suit avec le pope et le quatuor avec Kaledji sont bien conduits et surtout bien accompagnés par l'orchestre. Ce qui a nui peut-être à l'effet musical de cet opéra, c'est qu'il est trop exclusivement vocal. Les personnages y chantent constamment sans intermittence ; l'attention de l'auditeur se fatigue à la longue de suivre les paroles, d'une part, et, d'autre part, des sonorités vocales trop prolongées. Néanmoins, la critique s'est montrée injuste à l'égard d'un compositeur à qui ne manquent ni la science, ni l'inspiration, ni le goût. Elle s'est montrée plus indulgente à l'égard d'autres auteurs qui ne possèdent que la première de ces qualités. Chanté par Sylva, Gailhard, Bataille, Lasalle, Mlle Mauduit, Mme Geismar. Dans le ballet, on a remarqué Mlles Beaugrand, Montaubry, Pallier, Piron, Stoïchoff, Parent, Valain, Lapy.

ESPRIT DU VOÏEVODE (L'), opéra polonais, musique de Louis Grossmann, représenté à Varsovie en novembre 1873, avec succès.

ESTELLE ET NÉMORIN, opéra bouffe, livret de M. de Jallais, musique de M. Hervé, représenté à l'Opéra-Bouffe (ancien théâtre des Menus-Plaisirs) le 2 décembre 1876. L'œuvre charmante et pleine de sensibilité de Florian y a été indignement travestie et a disparu sous les bouffonneries grotesques dont on l'a affublée. Chanté par Audran, Gabel et Mme Matz-Ferrare.

F

FALKENSTEINER (DIE), opéra allemand en trois actes, musique de J.-H. Franz (le comte Hochberg), représenté au théâtre de Hanovre le 24 mars 1876.

FAMILLE TROUILLAT (LA), opérette bouffe en trois actes, livret de MM. Hector Crémieux et E. Blum, musique de M. Vasseur, représentée au théâtre de la Renaissance le 10 septembre 1874. Cette farce n'a pas eu de succès, la musique en a paru remplie de réminiscences des opérettes de M. Offenbach. Chantée par Paulin Ménier, Vauthier, Mlle Thérésa.

FANCIULLI VENDUTI (I), opéra italien, musique de Parisini, représenté à Bologne en mars 1876.

FATE (LE), opéra italien, musique de Valenza, représenté au théâtre Camploy de Venise en janvier 1873.

FATMA, opéra-comique en un acte, livret de M. Devoisin, musique de M. Flégier, représenté au grand théâtre de Marseille en avril 1875.

FAUBLAS, opéra-comique allemand en trois

actes, musique de Richard Würtz, représenté à Berlin, sur le théâtre de Friedrich-Wilhemstadt, le 23 janvier 1873, avec succès.

FAUST, drame de Gœthe, musique de Édouard Lassen, représenté à Weimar, sur le théâtre Grand-Ducal, le 6 mai 1876. Le drame a été complétement joué, avec les prologues et l'épilogue. La partition de M. Lassen, compositeur belge, contient quarante-six morceaux. Le succès a été très-grand, malgré la longueur du spectacle.

FERME DE MIRAMAS (LA), opéra-comique en un acte, livret de ***, musique de M. le marquis Jules d'Aoust, représenté à l'Athénée le 11 avril 1874. Une villageoise, mariée depuis six mois au paysan Sylvain, gémit d'être délaissée par son mari, qui fréquente le cabaret et porte des bouquets aux margots de l'endroit. La sœur de cette Ariane lui conseille d'exciter la jalousie de Sylvain. L'arrivée d'un matelot, frère de Mme Sylvain, aide les deux femmes à exécuter leur innocent complot. Le marin fait semblant de courtiser la ménagère, et la ruse réussit à merveille. La partition est écrite dans le goût italien et n'en est pas pour cela moins agréable à entendre. Je signalerai, parmi les morceaux les plus remarqués, les couplets de Mme Sylvain, l'air de contralto de la jeune veuve, les deux romances pleines de sentiment du marin et un joli quatuor. Chanté par Bonnet et Mme Brunet-Lafleur.

FIAMMINA (LA), opéra italien, musique de Magnetta, représenté au théâtre Rossini de Naples en mai 1873.

FIANCÉE DE MESSINE (LA), opéra, musique de Bonewitz, représenté à l'Académie de musique de Philadelphie en mai 1874.

FIANCÉE DU FORESTIER (LA), opéra allemand, musique d'Ad. Müller, chef d'orchestre, représenté sans succès le 15 février 1873 au Stadttheater, à Hambourg.

FIANCÉE DU ROI DE GARBE (LA), opéra-comique en trois actes et quatre tableaux, livret de MM. Ad. Dennery et H. Chabrillat, musique de M. Henri Litolff, représenté au théâtre des Folies-Dramatiques le 29 octobre 1874. Le conte de Boccace a si souvent défrayé la scène française qu'il devait être mis en opérette. La musique en est soignée, travaillée aussi consciencieusement que s'il s'était agi d'un ouvrage d'importance. L'instrumentation surtout offre des effets intéressants. Les principaux morceaux sont l'ouver-

ture, un quintette des filles du soudan, un chœur de soldats et le duo du troisième acte. Distribution : Alaciel, Mlle Vanghel; Mamolin, Milher; Zaïr, Luco; Hispal, Widmer; Hamburger.

FIGLIA DI MADAMA ANGOT (LA), opéra buffa, musique de Fischetti, représenté au théâtre Goldoni de Naples en août 1874. Cet ouvrage ne faisait pas une concurrence redoutable à l'opéra de M. Lecocq, joué en même temps au Teatro-Nuovo.

FIGLIUOL PRODIGO (IL), traduction de l'*Enfant prodigue* d'Auber; représenté au théâtre Pagliano de Florence en septembre 1875. Chanté par Vizzani, Brogi, Sylvestre et Mme Lorini. (Voir l'*Enfant prodigue*, page 252.)

FILIPPO, opéra italien, livret tiré de la tragédie d'Alfieri, dont on n'a reproduit que trois actes, musique du baron Crescimanno d'Albafiorita, représenté à la Pergola de Florence le 21 avril 1875.

FILLE DE MADAME ANGOT (LA), opéra-comique en trois actes, livret de MM. Clairville et Siraudin, musique de M. Charles Lecocq, représenté aux Folies-Dramatiques le 23 février 1873 (Voir notre article sur cet opéra, page 794.) Les crudités de la pièce, assaisonnées d'une jolie musique, qui n'a d'ailleurs d'autre mérite que celui d'être correctement écrite et bien appropriée aux paroles, en ont fait le succès. Depuis *Orphée aux Enfers* de M. Offenbach, qui nous a valu la funeste liberté des théâtres, sous l'Empire, on n'avait pas vu un tel succès de vogue. Malgré les terribles leçons des années précédentes, rien n'était changé dans les goûts du public. La *Fille de madame Angot*, ayant enrichi ses auteurs, a été le prologue d'une foule d'ouvrages du même genre qui ont envahi tous les théâtres à peine rouverts. Cet opéra-comique a été chanté par Mendasti, Dupin, Mlle Paola Marié, Mmes Desclauzas et Tondouze.

FILLEULE DU ROI (LA), opéra-comique en trois actes, livret de MM. Cormon et R. Deslandes, musique de M. A. Vogel, représenté sur le théâtre des Fantaisies-Parisiennes à Bruxelles, en avril 1875, et au théâtre de la Renaissance à Paris le 23 octobre 1875. La filleule du roi Henri IV est la fille de Camescas, l'ancien cuisinier du roi; elle doit épouser Phœbus, marquis de Pibrac. Une Béarnaise nommée Marion vient réclamer en faveur de sa sœur, à qui Phœbus a fait une promesse de mariage. Celui-ci laisse la filleule du roi épouser un gars nommé Andréol, qu'elle lui préfère, et épouse Marion. Quant à la sœur délaissée, on ne s'en occupe plus. S'il n'y avait pas des épisodes comiques qui occupent l'attention, une telle pièce n'offrirait aucun intérêt. On regrette de voir un musicien de mérite, comme M. Vogel, employer son talent à de pareils enfantillages. On a surtout remarqué les couplets d'Henriette, une romance au troisième acte et un excellent trio. Chanté par Vauthier, Dailly, Mme Peschard, Mlle Luigini.

FIORE D'ARLEM (IL) [*Fleur de Harlem*], livret de MM. de Leuven et de Saint-Georges, tiré de la *Tulipe noire* d'Alexandre Dumas et traduit en italien, musique de M. de Flotow, représenté à Turin en novembre 1876, avec un grand succès.

FIORINA, opéra italien, musique de Pedrotti, représenté avec succès le 25 mars 1873 à Plaisance.

FLEDERMAUS (DIE) [*la Chauve-souris*], opérette en trois actes, livret de Haffner et Richard Genée, d'après la pièce intitulée : *le Réveillon*, de MM. Meilhac et Halévy, musique de M. Johann Strauss, représentée à Vienne et sur le théâtre de Friedrich-Wilhelmstadt de Berlin en juillet 1874.

FLEUR-DE-BAISER, opérette en trois actes et quatre tableaux, livret de M. Alexandre jeune, musique de M. Cœdès, représentée au théâtre des Folies-Dramatiques le 24 février 1876. Fleur-de-Baiser a promis sa foi à son cousin Gaston ; mais celui-ci ayant disparu et, selon les apparences, ayant été mangé par les sauvages, son amie se décide à épouser le comte Rigobert de Présalé. Gaston reparaît et, après bien des péripéties, épouse sa cousine. La musique est accorte et légère. On a remarqué le chœur des marins : *Nous venons de Madagascar;* le chœur des pensionnaires, les couplets de Fleur-de-Baiser : *Je partis un jour.* Chantée par Mlle Jane May et Simon Max.

FLORENTIN (LE), opéra-comique en trois actes, livret de M. H. de Saint-Georges, musique de M. Ch. Lenepveu, représenté au théâtre national de l'Opéra-Comique le mercredi 25 février 1874. Cet ouvrage, couronné en 1869 dans le concours ouvert entre les compositeurs, n'a été connu du public que cinq ans plus tard. La pièce est peu intéressante, comme toutes celles dans lesquelles on met en scène des artistes peintres, sculpteurs ou musiciens. Il n'y a rien de plus froid au théâtre que ces rivalités d'amour-propre et ces glorifications du génie. Andrea Galeotti, vieux maître florentin, a pour élève Angelo Palma. Un concours est proposé par Laurent le Magnifique. Galeotti a éclipsé tous ses rivaux ; mais un inconnu a osé se mesurer avec lui, et son tableau, représentant Hébé, obtient les suffrages. Cet inconnu, c'est Angelo, qui triomphe malgré lui ; car si en secret il avait peint cette toile, il avait ordonné au modèle Polpetto de la détruire, pour ne pas entrer en lutte avec son vieux maître. Polpetto s'était trompé et avait brûlé le tableau de Galeotti. A cette cause de fureur vient s'ajouter l'amour qu'Angelo a conçu pour la pupille du maître, pour Paola, qui est aussi l'objet de la tendresse et des vœux du vieillard. Celui-ci, ne se possédant plus de rage et de jalousie, aposte des assassins pour tuer Angelo ; mais Polpetto lui sauve la vie. Le duc apprend à Galeotti la méprise dont il a été victime. Celui-ci n'a pas autre chose à faire pour effacer le souvenir de sa vengeance que d'accorder au jeune artiste la main de Paola.

La partition de M. Lenepveu atteste de bonnes études musicales, du goût, de l'habileté dans l'art d'écrire, plutôt que de l'imagination. Les dessins variés de l'accompagnement, les altérations multipliées des intervalles, les dissonances ingénieusement employées ne peuvent tenir lieu de l'inspiration ; les modulations sortent rarement des formules familières au compositeur, quoiqu'il semble s'être complu dans les tons chargés d'accidents. Les réminiscences sont fréquentes, et les procédés qu'il met en usage pour développer une idée sentent trop l'école. L'individualité n'apparaît pas encore dans cet ouvrage, fort estimable d'ailleurs. Les morceaux qui m'ont paru les plus saillants sont : dans le premier acte, le prélude d'orgue, le trio en *ré : O jour heureux! par toi j'oublie* l'air d'Angelo : *Comme un enfant;* le chœur des forgerons ; dans le second acte, le chœur : *Riante Italie;* l'air de Paola : *La nuit est l'heure du mystère;* la romance d'Angelo : *Lorsque j'abandonnai Florence;* le sextuor, morceau capital de l'ouvrage ; dans le troisième acte, la barcarolle, la jolie romance d'Angelo : *Songes aimés;* les couplets de Carita : *Voulez-vous des fruits?* un duo d'un accent très-dramatique de Paola et d'Andrea, et la scène du dénoûment, qui a été bien traitée. Distribution : Andrea Galeotti, Ismaël ; le duc Laurent de Médicis, Neveu ; Angelo Palma, Lhéric ; Polpetto, Potel ; Pietrino, Laurent ; Paola, Mlle Priola ; Carita, Mlle Ducasse.

FLYING DUTCHMAN (THE) [*le Vaisseau-fantôme*], traduction de l'opéra de Richard Wagner, représenté au Lyceum Theater de Londres en octobre 1876. Chanté par Santley et Mlle Torriani.

FOLKUNGER (DIE), opéra allemand, musique de M. Kretzschmer, représenté au théâtre de la Cour, à Dresde, en avril 1874.

FORNARETTO (IL), opéra italien, musique de Sanelli, représenté sur le théâtre Carcano, à Milan, le 12 juillet 1873.

FORZA DEL DENARO (LA) [*le Pouvoir de l'argent*], opéra italien, musique de Scarrano, représenté au Teatro-Nuovo de Naples en mars 1873.

FORZA DEL DESTINO (LA), opéra en quatre actes, livret de F. Piave, musique de M. G. Verdi, représenté au Théâtre-Italien de Paris le 31 octobre 1876. (Voyez ce mot page 301.) Le compositeur a retouché la partition exécutée à Milan en 1862. Il y a ajouté une ouverture remarquablement traitée et dont l'instrumentation a beaucoup de relief. C'est une des meilleures pièces symphoniques que M. Verdi ait écrites. Le troisième acte a été remanié et peut-être trop allongé. Il offre trop de variété et d'incidents épisodiques ; ce sont des chœurs de joueurs, de soldats, de mendiants, de marchands, une tarentelle et un *rataplan* qui manque d'originalité. On y a admiré un délicieux solo de clarinette, ainsi que la charmante romance de ténor à laquelle il sert de prélude. Le dénoûment a été changé, et l'ouvrage compte une mort tragique de moins. Don Alvarès ne se précipite plus du haut d'un rocher. L'opéra, dans sa forme actuelle, se termine par un pathétique cantabile de Leonora et un beau trio final. Distribution : don Alvàr, Aramburo ; don Carlos, Pandolfini ; moine, M. de Reszké ; autres rôles, Audran, Nannetti, Rosario ; Leonora, Mlle Borghi-Mamo ; la bohémienne Preziosilla, Mlle Alma Reggiani.

FOSCA, opéra italien, musique de Carlos Gomes, représenté le 17 février 1873 sur le théâtre de la Scala à Milan. Cet ouvrage n'a pas justifié le présage qu'avait fait concevoir l'opéra *Il Guarany* du compositeur brésilien. Chanté par Bulterino, Maurel, Maini et Mlle Krauss.

FRIEDRICH DER HEITZBARE, opéra allemand en deux actes, musique de Franz Mœgele, représenté au théâtre du Künstlerhaus en mars 1873. Le sous-titre : « Grand opéra du passé, du présent et de l'avenir, » montre que cet ouvrage est une sorte de parodie des ouvrages de M. Wagner.

FUOCO (IL), opéra buffa, musique d'Arienzo, représenté au Teatro-Nuovo de Naples en janvier 1873.

G

GABRIELLO CHIABRERA, opéra italien, musique de Camerana, représenté à Savone en mars 1876.

GARA D'AMORE (*Rivalité d'amour*), opéra italien, musique d'Eliodoro Bianchi, représenté avec succès à Bari en juillet 1873.

GEIGER ZU GMÜND (DER) [*le Violoniste de Gmünd*], opéra romantique allemand, musique de Joseph Stich, représenté à Dusseldorff en avril 1875.

GENEVIÈVE DE BRABANT, opéra bouffe en cinq actes, livret de MM. Hector Crémieux et Étienne Tréfeu, musique de M. J. Offenbach, représenté au théâtre de la Gaîté en 1875, avec l'addition de huit morceaux nouveaux, la plupart écrits pour Mlle Thérésa. (Voyez page 315.)

GHEYSA, opéra en quatre actes, musique de M. Paul Aube, représenté à Toulon en janvier 1875.

GILLE ET GILLOTIN, opéra-comique en un acte, en vers, livret de M. Thomas Sauvage, musique de M. Ambroise Thomas, représenté au théâtre national de l'Opéra-Comique le 22 avril 1874. Le succès du *Caïd*, dont la musique est de M. A. Thomas, et celui de *Gilles ravisseur*, dont le livret a été composé par M. Sauvage, avaient sans doute engagé les

deux auteurs à donner au public un opéra
bouffon, d'autant plus que ce genre prenait
chaque jour plus d'extension. Mais, soit que
la situation du compositeur ne s'accordât plus
avec un canevas aussi léger que celui de
Gille et Gillotin, soit que sa collaboration
avec Gœthe dans *Mignon*, avec Shakspeare
dans *Hamlet* l'ait engagé à suivre l'exemple
de M. Gounod et à donner à ses inspirations
personnelles le concours de ces poëtes de génie, M. Thomas s'opposa à ce qu'on jouât cet
ouvrage, et il fallut un jugement du tribunal
de première instance de la Seine pour triompher de sa répugnance. L'intrigue de la pièce
est mince et commune. Gille est au service de M. Roquentin, dont la nièce est mariée secrètement à un sergent aux gardes.
Ayant un matin oublié son sabre chez sa
femme, celle-ci le lui jette par la fenêtre,
enveloppé dans une veste appartenant à
Gillotin, le fils de Gille. Ce vêtement est la-
céré dans le trajet. Roquentin, que le bruit
a attiré, soupçonne le propriétaire de la
souquenille de vouloir séduire sa nièce. Le
pauvre Gillotin n'aspire pas si haut. Il aime
Mlle Jacquette, la chambrière, et supplie Rosaure, sa maîtresse, de l'aider à obtenir le
consentement de son père. Dans son ardeur,
il lui baise les mains. Surpris dans cette au-
dacieuse attitude, il est dénoncé par la jalouse
Jacquette, non-seulement comme un séduc-
teur, mais pour avoir mangé le godiveau com-
mandé par M. Roquentin en l'honneur du
sergent, son convive. L'affaire s'embrouille de
plus en plus, et le sergent en arrive à décla-
rer son mariage avec la nièce de Roquentin.
Gille, qui garde depuis quinze ans une lettre
qu'il ne doit remettre à son maître que le jour
où il le verra de bonne humeur, se décide.
M. Roquentin apprend par cette lettre que
Brisacier, le sergent aux gardes, est son fils.
Il ne peut donc que se féliciter de son mariage
clandestin avec sa nièce. La partition de *Gille
et Gillotin* fourmille de jolis détails, et il est
regrettable que le musicien se soit donné
tant de peine inutile pour traduire des situations aussi peu intéressantes, des puérilités
dépourvues d'esprit, des scènes de mangeaille
d'une longueur démesurée. Que Gille vole un
gâteau, qu'il l'avale gloutonnement ou qu'il
s'en emplisse la bouche de façon à étouffer,
c'est bien dans le rôle des Gilles passés, pré-
sents et futurs ; mais qu'on soit obligé d'entendre la longue description d'un godiveau, et
dans des couplets en *la*, et dans un duo en *mi*
bémol, c'est vraiment faire la part trop grande
aux gillotinades. On comprend difficilement

qu'un compositeur se résigne à traiter avec
une conscience scrupuleuse et un soin minu-
tieux dans les détails de l'harmonie et de
l'orchestration des vers tels que ceux-ci :

ROSAURE.

Non ! ce n'est pas l'alouette
Qui t'invite à la retraite,
C'est la voix du rossignol,
Qui, la nuit, chante en bémol
Comme un galant Espagnol.

Au mauvais goût de cette parodie de la
scène du balcon de Roméo et Juliette s'ajoutent
encore la vulgarité et l'ineptie des paroles.

L'ouvrage débute par une petite introduction instrumentale sur le motif de la retraite délicatement orchestré. Les morceaux
les plus goûtés sont le duo de Jacquette et
Gillotin : *Jacquette, entends-moi!* le quatuor, les couplets de Gillotin : *Oh! oh! oh!
quel gâteau!* et les couplets militaires de
Brisacier : *Ne me déchire pas, ô ma Toinon fidèle!* Quant au sextuor, c'est un pastiche de ces beaux finales si dramatiques,
si pathétiques que tout le monde a admi-
rés dans les opéras de Donizetti. L'intention des auteurs est ici manifeste. Ils ont
pensé obtenir un grand effet comique en faisant chanter à tout ce petit monde de Gilles
et de Jacquettes des phrases pompeuses ré-
servées aux sujets héroïques du grand opéra.
Les formes amples de ces chefs-d'œuvre de
style, d'inspiration, de passion, tels que le
septuor de *Lucie* ou le finale d'*Ernani*, sont parodiés avec beaucoup d'habileté sans doute ;
mais depuis que M. Ambroise Thomas a inau-
guré dans son *Caïd*, en 1849, en collaboration
du même M. Sauvage, ce genre de parodie
musicale, la voie qu'il a ouverte a été telle-
ment fréquentée que *Gille et Gillotin* n'ont
plus été en 1874 que des passants attardés et
à peine remarqués. Je considère cette idée de
tourner en ridicule les procédés dont tel ou
tel grand maître s'est servi pour écrire des
chefs-d'œuvre, comme de nature à dessécher
dans l'âme des jeunes artistes cette fleur de
l'admiration qui doit s'épanouir librement,
cette foi qui, sans être aveugle, se laisse emporter sur les ailes du génie ; l'habileté, l'élégance,
la ciselure des détails ne sont pas des qualités
maîtresses. Il vaudrait mieux développer les
facultés supérieures par l'amour de l'art et
le respect des maîtres. Distribution : Roquentin, Thierry ; Rosaure, Mlle Reine ; Brisacier,
Neveu ; Gille, Ismaël ; Gillotin, Mlle Ducasse ;
Jacquette, Mlle Nadaud.

GINEVRA, opéra italien, musique de Soraci,

représenté au théâtre de Santa-Radagonda, à Milan, en octobre 1876.

GIOCONDA, opéra italien en quatre actes, livret de Arrigo Boïto, tiré du drame de Victor Hugo, *Angelo*, musique de Ponchielli, représenté à la Scala de Milan en avril 1876.

GIOVANNA DI CASTIGLIA, opéra italien, musique de M. Giovanni Magnanini, représenté à Carpi le 15 août 1874.

GIOVANNA DI NAPOLI, opéra italien, musique de Petrella, représenté sur le théâtre de la Scala, à Milan, en septembre 1873. Chanté par Burgio, Padovani, Mmes Pasqua et Conti-Foroni.

GIROFLÉ-GIROFLA, opéra bouffe en trois actes, livret de MM. Vanloo et Leterrier, musique de M. Charles Lecocq, représenté à Bruxelles au théâtre des Fantaisies-Parisiennes le 21 mars 1874, et à Paris au théâtre de la Renaissance le 11 novembre 1874. Le succès qu'a obtenu cet ouvrage témoigne de la nature des goûts du public et des concessions que font les auteurs pour les satisfaire et en tirer profit. La donnée de la pièce n'est tolérable qu'à cause de son invraisemblance. Cependant il y a des hypothèses qu'il n'est pas louable de traiter devant le public. Dans quelle intention les auteurs ont-ils imprimé sur leur partition que la scène se passe durant les trois actes en Espagne, vers 1250 ? Il me semble qu'il était bien inutile de choisir la glorieuse époque des croisades pour faire parader leurs pîtres et leurs queues rouges.

Don Boléro d'Alcarazas a deux filles jumelles, Giroflé et Girofla. Il a donné la première en mariage au banquier Marasquin et la seconde à Mourzouk, guerrier maure. Pendant la cérémonie du mariage de Giroflé, les pirates surviennent et enlèvent Girofla. Le père l'apprenant et redoutant le courroux de Mourzouk, obtient de gré ou de force que Giroflé se substitue à sa sœur, espérant que bientôt Matamoros, l'amiral, poursuivant les pirates, lui ramènera sa seconde fille. La mère, le gendre, Girofla se prêtent à la supercherie, et les situations les plus scabreuses se succèdent jusqu'à ce qu'enfin Matamoros, victorieux des pirates, ramène Girofla. Je ne pense pas que l'art musical ait à progresser par ce contact avec la bouffonnerie à outrance, et il me semble que les compositeurs devraient hésiter à mettre en musique des paroles comme celles-ci :

> Pour un tendre père
> Ayant un enfant,
> Pouvoir s'en défaire
> Est un doux moment ;
> Mais quelle infortune,
> Quand on en a deux ! etc.

Souligner par la diction lyrique l'embarras de cette jeune fille à qui l'on donne deux maris, et qui demande à sa mère si elle devra *avoir pour tous deux la même obéissance!* Il faut convenir que M. Lecocq a une muse complaisante ; il est vrai que cette muse n'est qu'une musette ; toutefois cette musette n'est pas tendre :

GIROFLÉ.

Papa, papa, ça n' peut pas durer comme ça.

LE PÈRE.

Il faut de la prudence,
Il y va de mon existence.

LA FILLE.

J' m'en fich' pas mal.

LE PÈRE.

Ah ! tu me désespère ;
Tu vois, tu fais pleurer ton père.

LA FILLE.

J' m'en fich' pas mal.
Ça n' peut pas durer comm' ça.

LE PÈRE.

Veux-tu bien n' pas crier comm' ça.

Tous deux réunissent même leurs voix dans ce charmant duo pour crier : *Oh ! la, la !*

Les couplets de la jarretière ne sont qu'égrillards ; passe. Mais la narration de la nuit des noces par Giroflé dépasse. Je n'avais pas encore trouvé dans aucun ouvrage lyrique un tel sujet traité avec de si prosaïques détails. La *Fille de Mme Angot* a débuté à Bruxelles avant d'obtenir en France son immense succès. C'est également à Bruxelles que les auteurs de *Giroflé-Girofla* ont fait réussir leur ouvrage. Cette précaution était bien inutile. L'abaissement du goût est tel en France, depuis qu'on a rapporté sous l'Empire la loi sur les priviléges accordés aux théâtres, qu'on a pu tout oser. Ce qu'on appelle la meilleure société est allé applaudir *Giroflé-Girofla*, et on a même initié des jeunes filles du grand monde aux embarras conjugaux de l'intéressante famille de don Boléro. Elles ont pu y apprendre qu'on tirait le canon en 1250.

La partition ne renferme pas moins de vingt-trois morceaux. L'ouverture n'offre aucune qualité saillante. Dans le premier acte, on peut signaler la ballade sur les pirates, dont l'accompagnement est d'un bon effet ; les couplets : *Pour un tendre père;* les gentils couplets de Giroflé répétés par Girofla : *Père adoré;* ceux de Marasquin : *Mon père est un très-gros banquier;* le chœur : *A la chapelle;* le chœur des pirates et le sextuor. Le second acte est sans doute plein d'entrain et de gaieté; mais les idées musicales se ressentent de la vulgarité des paroles, ce qu'on peut remarquer dans le duetto de Giroflé et de Boléro, dont j'ai donné plus haut quelques vers, dans la scène d'orgie et dans celle du canon; le quintette : *Matamoros, grand capitaine,* est le meilleur morceau de l'ouvrage; l'harmonie en est intéressante. Dans le troisième acte, l'aubade sans accompagnement n'offre guère qu'une habile disposition des voix. Les couplets dialogués : *En entrant dans notre chambrette,* sont suivis d'un petit nocturne qui pourrait être agréable si cette scène n'offensait pas le goût. Au nombre des morceaux les mieux réussis il faut encore compter l'air de Marasquin : *Beau-père, une telle demande,* le chœur et les couplets du départ. Distribution : Marasquin, Puget (Félix); Mourzouk, Vauthier; Boléro d'Alcarazas, Alfred Jolly; chef des pirates, Gobereau; Giroflé-Girofla, Mlle Jane Granier; Aurore, Mlle Alphonsine; Paquita, Augusta Colas; Pedro, Laurent.

GISMONDA DI SORRENTO, opéra italien, musique de Piazzano, représenté au théâtre Coccia de Novare en février 1876.

GITANA (LA), opéra italien, musique de Pisani, représenté à la Fenice de Venise le 29 décembre 1876.

GIUSEPPE BALSAMO, opéra italien, musique de Sangiorgi, représenté sur le théâtre dal Verme, à Milan, en novembre 1873. On a remarqué un duo de « magnétisme. » M. Sangiorgi est chef de musique de la garde nationale de Rome.

GOSTO E MEA, opérette italienne, musique d'Ettore Deschamps, représentée au Teatro delle Logge de Florence le 25 juin 1876.

GOTI (I), opéra seria, musique de Gobati, représenté sur les théâtres d'Italie en 1874. Amalasonthe, reine des Goths, doit épouser Teodato. Celui-ci a un rival qui est aimé de la reine. Le jour des noces, qui est aussi celui du couronnement de Teodato, Sveno, l'amant préféré, appelle aux armes ses partisans. La cérémonie se change en tumulte. Amalasonthe se réfugie dans un château près du lac de Trasimène. La pièce se termine par la mort de Sveno, suivie de celle de la reine qui n'a pas voulu lui survivre. Le compositeur est un transfuge de l'école italienne et a conçu son ouvrage d'après les théories du *Tedesco* Wagner. Il a fait preuve d'un talent incontestable. On cite, parmi les morceaux les mieux réussis, un chœur de jeunes filles : *Un giorno;* une marche triomphale, le duo : *Vieni, propizia è la tempesta a noi;* le chœur : *Fuggite, i nemici già infranser le porte,* et la scène finale.

GRAND CHEF (LE), opérette en un acte, livret de M. Louis Thomas, musique de M. P. Génin, représentée à la Tertulia, à Paris, le 12 janvier 1873. Chantée par Mme Andreani.

GRELOT (LE), opérette en un acte, livret de MM. E. Grangé et Victor Bernard, musique de M. Léon Vasseur, représentée aux Bouffes-Parisiens le 21 mai 1873. Le conte de La Fontaine, intitulé la *Clochette,* a fourni le sujet de la pièce. Au lieu d'une vache, c'est un mouton que Glycère a perdu; au lieu d'une clochette, c'est un grelot que Myrtil fait tinter pour attirer la bergère. Mais j'ajouterai qu'au lieu d'un badinage rapide et fin dont la lecture ne dépasse pas cinq minutes, on a à supporter pendant une heure un sujet scabreux, auquel viennent s'ajouter des détails épisodiques sans intérêt et des gravelures plus que transparentes. On a remarqué une villanelle, un duo, la romance : *Je l'ai perdu,* et les couplets du grelot. Chantée par Georges, Mmes Judic et Peschard.

GUIDETTA, opéra italien, musique de Sarria, représenté au théâtre Mercadante de Naples en juin 1875. Cet ouvrage a eu un certain succès.

GUILLAUME DE BABERTANY, opéra, musique de M. Coll, représenté à Perpignan en avril 1875.

GUSTAVO WASA, opéra italien, musique de Marchetti, représenté à la Scala de Milan en février 1875. Chanté par Bolis, Maini et Mme Mariani-Masi.

GUZLA DE L'ÉMIR (LA), opéra-comique en un acte, livret de MM. J. Barbier et Carré, musique de M. Théodore Dubois, représenté au Théâtre-Lyrique (Athénée) le 30 avril 1873. Joué par Mas, Vauthier et Mlle Girard.

GUZMAN EL BUENO, opéra espagnol en un acte, musique de Breton, représenté au théâtre Apollo de Madrid en décembre 1876.

H

HOCHLÄNDER (DIE), opéra allemand en quatre actes, musique de Fr. de Holstein, représenté à Mannheim en février 1876.

HALTE DU ROI (LA), opéra-comique en deux actes, livret de M. Nuitter, musique de M. Adrien Boieldieu, représenté à Rouen le 16 décembre 1875, à l'occasion du centenaire de Boieldieu. Le héros de la pièce est Henri III. Il n'est encore que roi de Pologne et veut revenir en France. Les Polonais, avertis de sa fuite, se mettent à sa recherche. Un bourgmestre prend un batelier pour le roi. Il en résulte des quiproquos qui se terminent par le mariage du batelier avec une jeune paysanne. La musique est agréable et bien faite. Les morceaux les plus applaudis ont été des couplets au premier acte, un quintette au deuxième et un air de ténor. Chanté par Sujol, Engel et Mme Naddi-Vallée.

HANNETON DE LA CHÂTELAINE (LE), opérette bouffe, livret de M. Lassouche, musique de M. G. Douay, représentée au théâtre Taitbout le 28 mars 1875. C'est une farce sans aucun intérêt, accompagnée de lazzi musicaux, d'airs parodiés des opéras et de tyroliennes incohérentes. Chantée par Mercier, Mey, Simon Max et Mlle Léa Lescot.

HANNETONS (LES), revue de printemps, livret de MM. Eugène Grangé et Albert Millaud, musique de M. J. Offenbach, représentée aux Bouffes-Parisiens le 22 avril 1875. C'est une revue du printemps dans laquelle défilent les incidents de l'hiver, depuis la *Fille de Roland* jusqu'aux peintures du nouvel Opéra, avec la musique des plus populaires fredons de M. Offenbach. Chanté par Daubray, Mmes Théo, Peschard, etc.

HUNYADY LASZLO, opéra hongrois, musique d'Erkel, représenté le 27 février 1874 à Pesth sur le Théâtre-National. Chanté par Mme Minnie Hauck.

Je mentionne ici cette représentation, la 200e, quoique l'ouvrage ait été donné à Vienne en 1856, pour montrer combien le sentiment patriotique est vivace en ce pays et pour honorer le compositeur qui a su en être l'interprète. (Voyez *Ladislas Hunyady*, page 393.)

HYLAS ET SYLVIE, opéra en un acte, musique de Gossec, représenté à l'Opéra en 1776.

I

IDOLO CINÉSE (L'), opéra italien, musique de Felici, Tacchinardi et de Champs, représenté avec un grand succès au théâtre delle Logge, de Florence, en avril 1874.

ILDARA, zarzuela espagnole, musique de M. Cristobal Oudrid, représentée sur le théâtre de Jovellanos, à Madrid, en janvier 1874.

ILLUSION (L'), opéra-comique en un acte, livret de Saint-Georges et Ménissier, musique de M. Toussaint, représenté à Mons en mars 1874. Ce compositeur belge n'a pas craint de refaire l'opéra de notre Hérold, représenté en 1829 et contenant des morceaux charmants.

IMPRESARIO PER PROGETTO (L'), comédie lyrique italienne, livret de Castelmezzano, musique de M. Ruta, représentée au théâtre Mercadante de Naples en août 1873.

IRMINGARD, opéra romantique allemand en trois actes, musique de V.-E. Nessler, représenté à Leipzig en mai 1876.

ISABELLA ORSINI, opéra italien, musique d'Isidoro Rossi, représenté à Pavie en mai 1875.

IVAN IV, opéra en cinq actes et six tableaux, livret de M. Hippolyte Matabon, musique de M. Brion d'Orgeval, représenté au Grand-Théâtre de Marseille le 7 avril 1876. Le sujet de la pièce est la sédition des porte-glaive, punie par le czar, sujet terrible et peu lyrique, adouci çà et là par quelques épisodes gracieux. Les Marseillais ont acclamé l'œuvre de leur compatriote. Les morceaux les plus applaudis ont été le finale du deuxième acte, la prière et le chœur au quatrième, et au cinquième un duo de ténor et soprano et le trio final. Distribution : Ivan IV, Dumestre; Fédoroff, boyard d'Esthonie, Delabranche ; Gothard Ketler, grand maître des porte-glaive, Berardi ; Dosia, princesse d'Esthonie, Mme Levielli-Coulon ; Olga, nièce du czar, Mlle Redouté.

J

JALOUX DE SOI, opéra-comique en un acte, livret et partition de Mme Anaïs Marcelli (pseudonyme de Mme la comtesse P...), re-présenté au Théâtre-Lyrique (Athénée) le 6 juin 1873. Chanté par Bonnet, Mme Géraizer et Mlle Derasse.

JEANNE D'ARC, drame en cinq actes et sept tableaux, de M. Jules Barbier, musique de M. Charles Gounod, représenté au théâtre de la Gaîté le 8 novembre 1873. Il n'entre pas dans le plan de cet ouvrage de donner l'ana-lyse du remarquable drame de M. Jules Bar-bier, dans lequel l'histoire de l'héroïne fran-çaise a été plus respectée que dans les autres pièces dont elle a fourni le sujet. Je dois me contenter de mentionner dans la partie musi-cale le chœur des fugitifs, le chœur : *Dieu le veut*, celui des soldats dans le cachot de Jeanne et une marche funèbre. Le rôle du page Loys a été chanté par Mlle Perret.

JEANNE D'ARC, opéra en quatre actes et six tableaux, livret et musique de M. A. Mer-met, représenté au théâtre national de l'Opéra le mercredi 5 avril 1876. Le premier acte se passe à Domremy. Les paysannes chantent sous l'ombrage d'un vieux chêne auquel s'at-tache une croyance superstitieuse, on ne sait pourquoi. Des soldats français, conduits par le capitaine Gaston de Metz, maudissent Isa-beau. On voit au loin les flammes dévorer un village, les populations fuient en désordre ; Jeanne annonce que le capitaine anglais Sa-lisbury vient de périr sur les bords de la Loire et chante une sorte de ballade où la délivrance du pays est prédite. Un capitaine vendu au parti anglais, Richard, se trouble au récit de Jeanne. Celle-ci, restée seule avec Gaston, lui révèle sa mission et lui demande de la conduire vers le sire de Baudricourt. Gaston devient épris de Jeanne. On pouvait espérer que M. Mermet éviterait cette bana-lité grossière. L'héroïne fait ses adieux à son pays natal pendant que des voix célestes l'en-couragent à remplir sa mission. Au second acte, Agnès Sorel excite le courage du dauphin qui lui répond par des paroles d'amour. Une fête, dont Agnès est la reine, a lieu, et elle est interrompue par la nouvelle d'une victoire remportée par Jeanne sur les Anglais. Le roi consent à recevoir l'héroïne. Elle entre, et à ce moment a lieu la scène connue dans l'his-toire de la reconnaissance du roi au milieu de la foule des seigneurs. On voit ensuite Agnès Sorel, amante de Gaston de Metz, conduite par Richard près de la tente de Jeanne, où il espère la faire assister à un rendez-vous amoureux et exciter sa jalousie. En effet, Agnès surprend Gaston aux pieds de Jeanne endormie ; mais celle-ci, à son réveil, chasse d'un geste le téméraire. Agnès est satisfaite et se déclare l'amie et la protectrice de Jeanne. A la fin du troisième acte, sur les bords de la Loire, on assiste à une véritable orgie de soldats et de filles, où la danse éche-velée et l'ivresse offusquent les regards. Jeanne paraît, fait un miracle ; un soldat qui voulait l'insulter tombe mort. Cette foule, consternée, s'agenouille. Jeanne les entraîne à la délivrance d'Orléans. On entonne le *Veni Creator*. Gaston de Metz, qui a empêché Jeanne de tomber dans une embuscade des Anglais, est tué par Richard. Jeanne pleure sa mort ; mais ses voix célestes la rappellent à sa mission. Dans le dernier tableau, Char-les VII est couronné dans la cathédrale de Reims. Jeanne a une vision qui lui montre le bûcher où doit se consommer son sacrifice.

On ne peut nier que les intentions de M. Mermet n'aient été excellentes et qu'il n'ait tenté de faire une œuvre nationale. Son poème est meilleur, sous ce rapport, que les tragédies presque odieuses, par le sentiment qui les a inspirées, de *Henri VI* de Shakspeare, de *Jeanne d'Arc* de Schiller, de la *Giovanna d'Arco* de Solera. Mais il a échoué, et nous le regrettons des premiers. Tant qu'on ne se contentera pas de prendre dans l'histoire vraie et rigoureusement exacte de la sainte héroïne française les épisodes d'un drame, en se conformant strictement aux données de l'histoire, traitées avec goût, c'est-à-dire en faisant le choix nécessaire, nous n'aurons jamais un bon opéra de Jeanne d'Arc. Le succès de *Roland à Roncevaux*, quoiqu'un peu artificiel, pouvait faire présager un égal succès à la partition de *Jeanne d'Arc*. Le livret a rendu ce succès impossible. La musique manque d'inspiration, de caractère, d'expression. J'ai remarqué, mais sans en être autrement frappé, dans le premier acte, la romance de Jeanne accompagnée par les flûtes imitant les oiseaux, le chœur des voix célestes; dans le deuxième, l'air à roulades d'Agnès Sorel, la romance de Gaston : *Elle est pure, elle est chaste et belle*, sans contredit le meilleur morceau de l'ouvrage; dans le troisième, le chœur du *Veni Creator;* dans la scène de la cathédrale, la marche exécutée par l'orchestre et l'orgue. Distribution: Jeanne d'Arc, Mlle Krauss ; Agnès Sorel, Mlle Daram ; le roi, Faure et Manoury ; Richard, Gaillard ; Gaston de Metz, Salomon, le rôle le mieux tenu de l'opéra ; maître Jean, Caron. Dans la danse : Mlles Fonta, Colombier, l'allier, Robert, etc. Les décors étaient fort beaux ; on a admiré surtout le décor des bords de la Loire et l'intérieur de la cathédrale de Reims.

JEANNE, JEANNETTE ET JEANNETON, opéra-comique en trois actes et quatre tableaux, livret de MM. Clairville et Delacour, musique de M. P. Lacome, représenté aux Folies-Dramatiques en octobre 1876. La pièce est amusante. Les trois paysannes sont devenues, l'une la comtesse Du Barry, l'autre la Guimard, la troisième la propriétaire du *Cadran bleu.* Suivant l'exemple des deux premières, Jeanneton s'est laissé courtiser par La Ramée, colonel des gardes-françaises ; mais, convaincue de son inconstance, elle se décide à revenir à son amoureux pour de bon, au simple et constant Briolet. La musique est fort agréable et remplie d'idées heureusement rendues. Je signalerai la chanson de *Jeanne, Jeannette et Jeanneton*, les couplets du *Jeune et du Vieux*, le serment des trois femmes et la marche des gardes-françaises. Chanté par Simon Max, Milher, Maugé, Vois, Mmes Prelly, Stuart et Mlle Gélabert.

JEANNE MAILLOTTE, opéra-comique en trois actes, livret de M. Faure, musique de

M. Reynaud, représenté au Grand-Théâtre de Lille en janvier 1875.

JERMAK, opéra russe en quatre actes, musique de M. de Santis, représenté au théâtre Marie de Saint-Pétersbourg en janvier 1874.

JERY UND BŒTELY, opéra allemand, livret tiré de l'œuvre de Gœthe, musique de Mme Ingeburge de Bronsart, représenté sur le théâtre de la cour grand'ducale, à Weimar, le 26 avril 1873.

JOCONDE, opéra-comique allemand, musique de Carl Zeller, représenté au théâtre An der Wien, à Vienne, en mars 1876, avec succès.

JOLIE PARFUMEUSE (LA), opéra-comique en trois actes, livret de MM. Crémieux et E. Blum, musique de M. J. Offenbach, représenté au théâtre de la Renaissance le 29 novembre 1873. Cette petite comédie se passe tour à tour aux Porcherons, dans l'hôtel d'un financier et rue Tiquetonne, dans la boutique de la parfumeuse. Eternelle histoire d'un chassé croisé d'amourettes : d'une part, M. La Cocardière, le financier, et la danseuse d'opéra Clorinde ; de l'autre, Rose, la jolie parfumeuse, et le bachelier Bavolet. On peut signaler au premier acte un duo d'une forme archaïque, une valse chantée et la ronde de la *Marjolaine ;* dans le deuxième, le duo final, et dans le dernier une lettre débitée d'une façon fort comique. Chanté par Bonnet, Daubray, Troy, Mmes Théo, Laurence Grivot et Mlle Fonti. Cet ouvrage a joui d'une grande vogue.

JUAN DE URBINO, opéra espagnol, musique de Barbieri, représenté à la Zarzuela de Madrid en décembre 1876.

JUMEAUX DE BERGAME (LES), comédie de Florian, arrangée en opéra-comique par M. William Busnach, musique de M. Charles Lecocq, représenté en 1875.

Les arlequinades de Florian fournissent une preuve de l'importance fort relative du cadre choisi par les auteurs ou imposé par le goût du temps. Il a eu beau appeler ses personnages des noms empruntés à la comédie italienne, rien n'est moins italien que ce petit théâtre de fantaisie, où l'Arlequin français est aussi bon, aussi sensible et doux que l'autre est scélérat, caustique et antipathique.

L'imagination et les facultés de l'auteur brisent le cadre dès les premières scènes. Ce qui est vrai pour cet objet de peu d'importance l'est également pour les ouvrages dramatiques conçus sous l'influence des littératures anciennes. C'est le génie de Calderon qui brille dans *Heraclius*, c'est celui d'Alfieri qui brille dans *Antigone*, comme celui de Corneille et de Racine dans *Cinna* et dans *Phèdre*. Les poëtes grecs et romains ne leur ont fourni que la toile et la bordure. On ne trouvera chez aucun écrivain romain, poëte ou prosateur, une tragédie politique qui approche du *Jules César* de Shakspeare. *Paulo minora canamus*. Arlequin et Arlequin cadet, les deux jumeaux de Bergame, sont des soprani dans la partition de M. Lecocq ; ils forment donc avec Rosette et Nérine un quatuor de voix de femmes. Cette sonorité est aussi fatigante, lorsqu'elle se prolonge pendant toute une pièce, dans le dialogue que dans les morceaux de chant. La musique est ingénieuse, écrite avec facilité et correction, mais n'offre aucune trace de cette sentimentalité charmante de l'auteur d'*Estelle et Némorin*. Dans l'ouverture, qui offre trois mouvements, on remarque une jolie saltarelle répétée dans l'ouvrage pour l'entrée d'Arlequin cadet. Je signalerai le duo de Nérine et d'Arlequin, la fin de l'ariette d'Arlequin cadet: *O ma Rosette ;* le duettino fort joli de Rosette et d'Arlequin : *Qui va là?* sur un temps de valse, la sérénade : *Daigne écouter l'amant fidèle.* Quant au long quatuor qui termine la pièce, et surtout dans les phrases sans accompagnement: *Aventure étrange!* on voit l'inconvénient d'employer des voix de même espèce. C'est froid, difficilement juste; en outre, les accords plaqués donnent à l'articulation des mots une sorte de dureté désagréable ; le petit rondeau : *Messieurs, la pièce est finie,* offre d'assez gracieux effets d'imitation.

K

KEISER BIJ DE BŒREN (DE) [*l'Empereur chez les paysans*], opéra-comique flamand, musique de M. Charles Miry, représenté au Théâtre-Flamand de Bruxelles en janvier 1876.

KOSIKI, opéra-comique en trois actes, livret de MM. William Busnach et Armand Liorat, musique de M. Charles Lecocq, représenté au théâtre de la Renaissance le 18 octobre 1876. Après le succès littéraire de la relation d'un voyage au Japon par M. le comte de Beauvoir, les pièces japonaises ont été à la mode et plusieurs ont réussi. *Kosiki* est du nombre. La mise en scène et les costumes ont ajouté un attrait de plus à cet ouvrage tout de fantaisie et d'invraisemblance et à la partition du musicien, qui renferme de jolies mélodies et certains effets piquants. La trame est assez compliquée. Le mikado est mort, Kosiki lui succède. Le taïcoun Xicoco parvient à lui faire épouser Nousima, sa fille, qui est aimée de son cousin, Sagami; mais Kosiki n'éprouve auprès de Nousima aucun sentiment tendre, tandis qu'au contraire elle se sent troublée en présence du jeune jongleur Fitzo. Kosiki est une fille. Un neveu du mikado, Namitou, dans l'espoir de lui succéder, a substitué une fille à l'enfant héritier, et il se trouve naturellement que cet héritier frustré n'est autre que le jongleur Fitzo. Kosiki monte sur le trône avec celui qu'elle aime, et Sagami épouse Nousima. Quoiqu'il y ait eu chez les auteurs l'intention évidente d'obtenir le succès en soulignant trop les situations scabreuses, on ne peut méconnaître que c'est là un véritable opéra-comique. Il y a moins d'extravagance que dans les opérettes ordinaires.

La musique de M. Lecocq a le mérite d'être toujours bien appropriée au caractère de la scène et de bien rendre les mots eux-mêmes, avec le sens un peu équivoque qui est fréquent dans ces sortes de pièces et que les actrices ont bien soin de souligner, souvent avec exagération. Dans le premier acte, je glisserai sur les premiers couplets de Nousima : *Ah! que la vie était maussade,* qui sont à peine dignes d'un vaudeville, pour rappeler ceux de Namitou : *Ce n'est pas une sinécure que d'être prisonnier d'État,* le chœur des Yacounines : *Prosternons-nous,* les jolis couplets de la poupée : *Voyez ces beaux cheveux d'ébène,* le chœur à l'unisson des demoiselles d'honneur et surtout les couplets du jongleur. Dans le second acte, après le trio bouffe, je signalerai le rondo de la lettre, les couplets de Kosiki : *Allons, que rien ne t'effarouche,* le duo des *refus* et le finale. Le morceau d'orchestre qui précède le troisième acte n'est que bizarre. La recherche de l'effet au moyen des intervalles chromatiques et des sonorités étranges est presque étrangère à la musique. On ne peut guère rappeler dans cet acte que les couplets de Namitou : *Dans la forteresse*, et le duo des couteaux, chanté par

Fitzo et Kosiki. Distribution : Namitou, Vauthier ; Fitzo, Félix Puget ; Xicoco, Bertholier ; Sagami, Urbain ; Kosiki, Mme Zulma Bouffar ; Nousima, Mlle Marie Harlem.

L

LEGA (LA) [*la Ligue*], opéra italien, livret de d'Ormeville, tiré de la pièce d'Alexandre Dumas, *Henri III et sa cour*, musique de M. Josse, représenté à la Scala de Milan le 24 janvier 1876.

LÉGATAIRE DE GRENADE (LE), opéra-comique en quatre actes, livret de M. Maurice Bousquet, musique de M. Hugh Cass, chef d'orchestre, représenté au Grand-Théâtre de Toulon le 28 février 1874. Chanté par Dardignac, Henry, Baldy, Mmes Fontenay-Ladois, Chabert et Nordmann. Cet ouvrage avait été remarqué dans le concours du Théâtre-Lyrique de Paris en 1867.

LIEBESRING (DER) [*l'Anneau d'amour*], opéra bouffe allemand en trois actes, musique de Bial, représenté au théâtre de Friedrich-Wilhemstadt de Berlin le 4 décembre 1875.

LIEDERIK, opéra flamand, livret de M. Paul Billier, musique de M. Mertens, représenté au Théâtre-Flamand d'Anvers en octobre 1875. Chanté par Blauwaert, Delparte et Mlles Hasselmans et Gobbaerts.

LIQUEUR D'OR (LA), opéra-comique en trois actes, livret de MM. Busnach et Liorat, musique de M. Laurent de Rillé, représenté aux Menus-Plaisirs le 11 décembre 1873. La scène se passe en Hollande, ce qui n'a pas empêché M. le gouverneur de Paris d'interdire les représentations de cet ouvrage, tant

la pièce est indécente et dépasse les limites déjà beaucoup trop étendues qu'on accorde à ce genre de productions. M. Laurent de Rillé, nommé inspecteur de l'enseignement du chant dans les lycées et membre de la commission d'examen des bibliothèques scolaires par M. Duruy, aurait pu mieux employer son temps. Chanté par Milher, Tissier, Mme Matz-Ferrari, Mlle Silly.

LITUANI (I), opéra italien, livret de Ghislanzoni, musique de Ponchielli, représenté à la Scala de Milan le 8 mars 1874. Le sujet a été tiré d'un poëme de Mickiewicz, *Conrad Wallenrod*. Ouvrage très-distingué, chanté avec succès par Pandolfini, Petit, Mme Fricci.

LORENZINO DE'MEDICI, opéra italien, musique de Marenco, représenté à Lodi et au théâtre del Verme, de Milan, en décembre 1874.

LOUIS DE MALE, opéra de De Pellaert. (Voyez *Louis*, page 409.)

LUCE, opéra italien, musique de Gobatti, représenté au Teatro Comunale de Bologne en novembre 1875, et à la Scala de Milan en février 1876.

LUIGI XI (*Louis XI*), opéra italien en quatre actes, musique de Lucca Fumagalli, représenté à la Pergola de Florence le 29 mars 1875.

M

MACCABÄER (DIE) [*les Macchabées*], opéra allemand, livret de M. Mosenthal, d'après le drame d'Otto Ludwig, musique de M. Rubeinstein, représenté à l'Opéra de Berlin le 17 avril 1875. En arrangeant le récit biblique, en inventant surtout des situations en dés-

accord avec l'esprit et le texte de l'histoire sainte, les auteurs ont affaibli la portée de leur œuvre. Pendant la guerre que le roi de Syrie, Antiochus Épiphane, fait aux Juifs, Judas Macchabée, après avoir renversé les idoles, subit une défaite parce que les prêtres ont ordonné d'observer le jour du sabbat. Éléazar, frère du héros israélite, séduit par les charmes de Cléopâtre, fille du roi de Syrie, trahit la cause sainte et combat dans les rangs ennemis. Il se repent de sa faute et meurt avec sa mère et deux de ses frères, victime de la rage du persécuteur. Sur ces entrefaites, Judas Macchabée remporte une victoire signalée, et la douleur qu'il éprouve en apprenant l'immolation des membres de sa famille s'exhale en sanglots, pendant que le peuple chante l'*Hosanna*. Le compositeur a déployé dans cet ouvrage les ressources de son savoir musical. Il a écrit de beaux chœurs et a tiré parti de mélodies auxquelles on attribue, à tort ou à raison, une origine judaïque. Les développements symphoniques dans lesquels M. Rubinstein se complaît ont donné à plusieurs parties de cet opéra la forme de l'oratorio. L'inspiration mélodique fait défaut, comme dans les ouvrages publiés précédemment par ce musicien distingué. Les rôles de Judas Macchabée, d'Éléazar ont été chantés par le baryton Betz et le ténor Ernst; ceux de Leah, mère des Macchabées, et de Cléopâtre, par Mlles Brandt et Grossi. Cet opéra a obtenu le succès d'estime qu'il méritait.

MADAME ANGOT ET SES DEMOISELLES, opérette, représentée au théâtre des Folies-Marigny en 1874.

MADAME DE RABUCOR, opéra bouffe en un acte, livret de M. Jaime, musique de Mme de Sainte-Croix, représenté aux Bouffes-Parisiens en février 1874.

MADONNA DI PIEDIGROTTA (LA). (Voyez la *Fête de Piedigrotta*, page 792.)

MAESTRO DE BOURGADE (LE), opéra-comique en un acte, musique de M. Bonnefoy, représenté sur le Grand-Théâtre de Lille dans le mois de février 1873. Cet ouvrage, dans lequel on a remarqué une jolie valse, a été chanté par Ricquier, Delaunay, Tournier et Mlle Cécile Mézeray.

MAGELLONE, opéra allemand en trois actes, livret et musique de Hermann Krönlein, représenté à Carlsruhe le 24 avril 1874, après la mort de l'auteur.

MAGNIFIQUE (LE), opéra-comique en un acte, livret de M. Jules Barbier, musique de M. Jules Philippot, représenté à l'Opéra-National-Lyrique le 24 mai 1876. Le sujet de la pièce est tiré du conte de Boccace, imité par La Fontaine. L'auteur y a introduit des

bouffonneries, la plupart usées et d'un goût douteux. Quoique cette partition ait remporté le prix dans le concours ouvert par le ministère en 1867, elle n'a eu aucun succès auprès du public. Chanté par Montaubry, Grivot, Troy, Tissier, Mlles Marcus et Perret.

MAIN FORCÉE (LA), opéra-comique en un acte, musique de M. Marietti, représenté à Cauterets en septembre 1875.

MALEDETTA (LA), opéra italien, musique de Petrucci, représenté à Barletta le 22 mars 1873, avec succès.

MANDRAGORE (LA), drame lyrique en trois actes, livret de M. Brésil, musique de M. Henri Litolff, représenté au théâtre des Fantaisies-Parisiennes de Bruxelles le 29 janvier 1876. Le sujet est tiré de *Joseph Balsamo* (Cagliostro) d'Alexandre Dumas, et le style général de la pièce est d'un caractère plus sérieux que celui des précédents ouvrages auxquels le compositeur a eu le tort, selon moi, d'associer son remarquable talent. L'orchestration est traitée avec une expérience consommée; on a surtout applaudi les couplets de Graziella, un chœur au premier acte et le finale du second, ainsi qu'une chanson à boire dans le troisième. Chanté par Falchieri, Mme Morlet et Mlle Olga Lewine.

MANOIR DE PIC-TORDU (LE), opéra-comique en trois actes, livret de MM. Saint-Albin et Mortier, musique de M. Serpette, représenté au théâtre des Variétés le 28 mai 1875. La pièce est extravagante. On a applaudi une jolie valse à la fin du premier acte.

MARCELLINA, opéra italien, musique de Telesforo Righi, représenté le 1er mars 1873 à Parme.

MARCHIONE DI GAMBAVERT (*le Marquis aux jambes torses*), opéra italien en quatre actes, livret de Fontana, tiré d'un conte de Porta, musique d'Enrico Bernardi, représenté au théâtre Castelli de Milan en juillet 1875. Les personnages parlent dans cet ouvrage le dialecte milanais, le français et l'italien.

MARIA DI TORRE, opéra italien, musique de Fornari, représenté sur le théâtre Mercadante, à Naples, en février 1873.

MARIA E FERNANDA, opéra italien, livret tiré de la pièce de *Fernande* de M. Sardou, musique de M. Ferruccio Ferrari, représenté au théâtre Brunetti de Bologne en mai 1875.

MARIA STUART, opéra italien, musique de Palumbo, représenté sur le théâtre San-Carlo de Naples en mai 1874. Chanté par Parboni, Mmes Sanz et Vitali.

MARIAGE D'ISABELLE (LE), opérette en un acte, livret du duc de Dino et du marquis de Talleyrand-Périgord, musique de Léopold Hackensöllner, représenté à Florence en mars 1875. Chantée par Mario Tiberini. Le duc de Dino a aussi joué un des rôles de la pièce.

MARIAGE D'UNE ÉTOILE (LE), opérette en un acte, livret de MM. E. Grangé et V. Bernard, musique de M. Legouix, représentée aux Bouffes-Parisiens le 1er avril 1876. Cette étoile est une diva de café-concert qui perd et recouvre son *la*, et autour de laquelle se démène une bande d'Auvergnats, ses parents, charbonniers et charbonnières. Chantée par Pescheux, Scipion, Mmes Paola Marié et Lefort.

MARIÉE DEPUIS MIDI, opérette en un acte, livret de MM. William Busnach et A. Liorat, musique de M. Georges Jacobi, représentée aux Bouffes-Parisiens le 7 mars 1874. Cette pièce a été jouée par un seul personnage, Mme Judic, qui raconte au public la journée de son mariage et le met dans la confidence de ses émotions en entrant dans l'appartement conjugal où la scène se passe. Ce récit est vulgaire, banal, et il est étrange que les auteurs de ce genre d'ouvrages fassent toujours verser leur carriole dans la même ornière. La musique n'a rien qui la différencie du livret.

MARÏULIZZA, opéra italien, musique de Cortesi, représenté avec succès à Florence en mai 1874.

MELUSINE, opéra allemand, musique de Gramann, représenté à Wiesbaden le 25 septembre 1875.

MELUSINE, opéra allemand, musique de Mayrberger, représenté à Presbourg le 21 janvier 1876.

MERCANTE DI VENEZIA (IL) [*le Marchand de Venise*], opéra italien, musique de Ciro Pinsuti, représenté avec succès à Bologne, sur le théâtre Comunale, en novembre 1873. Le livret a été tiré de la pièce de Shakspeare.

MERLINO DE PATONE, opéra italien, mu-

sique de Calderoni, représenté à Roveredo, en Tyrol, en octobre 1875.

MÉROPE, opéra italien, livret tiré de la tragédie de Voltaire, musique de Zandomeneghi, représenté au teatro Nazionale de Turin en juillet 1875.

MEUNIER, SON FILS ET... L'AUTRE (LE), opérette, livret de M. Francis Tourte, musique de M. Émile Ettling, représentée au Casino de Contrexéville le 9 août 1875. Chanté par Cyriali et Mlle Marcus.

MICHEL LE MARIN, opéra-comique en un acte, musique de M. Jahn, chef d'orchestre du théâtre, représenté à Anvers en février 1873.

MIDAS, opérette en trois actes et cinq tableaux, jouée sur le théâtre de Corbie (Somme) dans le mois de septembre 1873. Les auteurs de cette bouffonnerie mythologique ont gardé l'anonyme.

MIGNONNE, opérette en un acte, musique de M. Moniot, représentée aux Bouffes-Parisiens en décembre 1876.

MIRJAM, opéra allemand, musique d'Aug. Klughardt, directeur de la musique à Weimar, représenté au théâtre de Riga en avril 1873.

MÖNKGUTER (DIE), liederspiel en un acte, musique de Robert Radecke, représenté à l'Opéra de Berlin le 1er mai 1874.

MONSIEUR DE POURCEAUGNAC, comédie de Molière, jouée au château de Chambord, devant le roi, le 6 octobre 1669, avec la musique de Lulli, reprise à l'Opéra en 1716 et en 1730, puis, avec des changements, le 23 avril 1792, enfin, avec la musique de Mengozzi, au théâtre Montansier en 1793 et 1799. Une reprise de cette comédie a été donnée à la Gaîté le 2 avril 1876, avec une musique tirée des œuvres de Lulli, le *Carnaval*, les *Fêtes de l'Amour et de Bacchus*, le *Ballet des Muses*, la *Princesse d'Élide*, et arrangée par M. Wekerlin avec une liberté d'interprétation, d'harmonie et d'orchestration tout à fait contraire au style et au caractère de la musique symphonique du XVIIe siècle. Les éléments de l'art musical, tels qu'on les employait à cette époque, sont trop connus pour qu'on ait eu la pensée de faire accepter par le public cette œuvre hybride comme une restauration de la partition de Lulli. Les batteries, les arpéges, les traits d'agilité, les points d'orgue et autres agréments introduits dans cet ouvrage en ont fait un pastiche dépourvu de caractère. On y a toutefois remarqué une tarentelle de la composition de M. Wekerlin.

MONSIEUR GRIFFARD, opéra-comique de M. Léo Delibes. (Voyez *Maître Griffard*, page 424.)

MONSIEUR POLICHINELLE, opéra-comique en deux actes, livret de MM. Morand et Vattier, musique de M. Delehelle, représenté au Théâtre-Lyrique (Athénée) le 16 janvier 1873. On a remarqué un air chanté par Polichinelle : *Nargue de la tristesse ;* un trio bien fait ; l'air de Pantin : *Je suis joueur et paresseux.* Chanté par Vauthier, Galabert, Lary, Bonnet, Mlle Marietti.

MOROVICO, opéra-comique italien, musique de Dominiceti, représenté sur le théâtre dal Verme, à Milan, en décembre 1873.

MOULIN DU VERT-GALANT (LE), opéra bouffe en trois actes, livret de MM. E. Grangé et V. Bernard, musique de M. G. Serpette, représenté aux Bouffes-Parisiens le 12 avril 1876. Sur un imbroglio assez leste, le compositeur, grand prix de Rome, a écrit une partition considérable et qui prouve le parti qu'il pourrait tirer de sa science musicale s'il traitait des sujets plus sérieux. On y remarque un pastiche habile des menuets de Mozart ; les couplets : *Eh bien! oui, c'est un grand mystère ;* le finale du premier acte, le duo d'amour du deuxième, et un chœur de chasseurs. Chanté par Daubray, Fugère Scipion, Mme Théo, Mlle Paola Marié.

MOUTON ENRAGÉ (LE), monologue, paroles de MM. Noriac et Jaime, musique de M. Paul Lacome, joué et chanté par Mme Judic aux Bouffes-Parisiens en mai 1873. M. Ernest, dans un accès de jalousie, a enfermé Moutonnette. Celle-ci se venge en favorisant la prise d'assaut de la forteresse par un voisin qui se trouve être son ami d'enfance. On a remarqué la lecture d'une lettre sur un motif de valse et une sorte d'ouverture agréablement traitée.

MYOSOTIS (LE), opérette bouffe en un acte, livret de MM. Cham et William Busnach, musique de M. Charles Lecocq, représentée au théâtre du Palais-Royal le 2 mai 1866. Les auteurs ont eux-mêmes qualifié leur œuvre en sous-titre, sur la partition, d'*aliénation mentale et musicale ;* mentale, soit, mais musicale, non pas ; car la musique en est fort sensée ; la facture en est régulière, les idées exprimées avec clarté et correction, et c'est à cause même de ses qualités de compositeur qu'on est porté à plaindre M. Lecocq plutôt qu'à le louer d'employer son talent à de si misérables productions littéraires. Cette pièce a été jouée plutôt que chantée par Brasseur et Gil-Pérez. Elle est précédée d'une véritable ouverture. Le duo et les couplets sont phrasés avec goût par le musicien. Mais que dire de cette farce qui consiste à faire exécuter par Brasseur un solo de violoncelle au moyen d'un mirliton à bec fixé au manche de l'instrument et que le public ne peut apercevoir? Est-ce qu'un artiste devrait se prêter à ces tours d'escamotage? C'était bien assez d'imiter dans le duo final les cris des animaux. Shnitzberg est un violoncelliste qui prétend les charmer en exécutant le chant du myosotis. Corbillon est empailleur : « *Comme ils en crèveront sans doute,* dit-il, *je pourrai les empailler tous.* »

N

NAÏDA, opéra semi-seria en trois actes, musique de M. de Flotow, représenté primitivement à Saint-Pétersbourg sans fixer l'attention et donné avec un grand succès au théâtre Manzoni, à Milan, le 8 juin 1873. Le livret ne supporte pas l'analyse et a nui au succès durable de la partition. Une jeune fille du peuple s'éprend d'amour pour un personnage dont elle entend la voix et qu'elle n'a jamais vu. Ce personnage est le calife de Cordoue, Almansor, qui épouse la pauvre fille. Chanté par Baci, Marchisio, Mme Tagliana.

NAVES DE CORTÈS (LAS), scène dramatique espagnole, musique de M. Ruperto Chapi, représentée à l'Opéra de Madrid en mai 1874. Chanté par Tamberlick, Ordinas et Mme Fossa.

NICOLO DE' LAPI, opéra italien, musique de Pacini, représenté le 29 octobre 1873 sur le théâtre Pagliano, à Florence. Cet ouvrage posthume du maître renferme encore quelques morceaux qui ont eu du succès. Chanté par Augusti, Nierly, Mme Ronzi-Checchi.

NINETTE ET NINON, opéra-comique en un acte, livret de Mme Hermance Lesguillon et de M. F. Langlé, musique de M. Pénavaire, représenté au Théâtre-Lyrique (Athénée) le 25 avril 1873. Les idées manquent d'originalité et la facture seule témoigne des bonnes études techniques du musicien. On a remarqué une romance de soprano et celle du ténor : *On dit que je suis infidèle.* Chanté par Mas, Mlles Mariette et Heumann.

NOCES DE DORINE ou HÉLÈNE ET FRANCISQUE (LES), opéra en quatre actes, musique de Sarti, représenté au théâtre de Monsieur en 1780. Cet ouvrage a été parodié sur la partition italienne du compositeur, jouissant alors d'une grande vogue. On a remarqué les airs : *Vive le mariage ;* le trio : *Pourquoi faire l'inhumaine?* le rondeau : *Cher amant, songe à ma peine ;* le septuor : *Où fuirai-je, malheureuse!*

UNE NOCE RUSSE AU XVIe SIÈCLE, pièce à grand orchestre, en cinq actes, de M. Soukhonine, représenté au théâtre Ventadour le 7 avril 1875. On a introduit dans cette pièce, à laquelle la peinture des mœurs des boyards d'autrefois donne un vif intérêt, des airs populaires russes dont le sentiment poétique, les inflexions originales ont beaucoup de charme.

M. Dutsch, le chef d'orchestre, y a ajouté un air de sa composition pour faire valoir la voix de Mlle Pousskova, contralto d'une gravité exceptionnelle.

NOTTE DEGLI SCHIAFFI (LA) [*la Nuit des soufflets*], opéra-comique en deux actes, musique de Luigi Venzano, représenté dans la salle Sivori, à Gênes, le 25 avril 1873. La musique en est agréable et a obtenu du succès.

NUIT DU PLUS BEAU JOUR (LA), folie musicale en un acte, livret de M. Jules Marville, musique de M. Albert de Runs, représentée au théâtre des Folies-Bergère le 5 avril 1873. L'auteur a transporté en Auvergne la scène de Daphnis et Chloé, et ses personnages ne parlent pas précisément la langue de Longus. La partitionnette renferme six morceaux d'une facture facile et appropriée à ce genre de pièces ; on y remarque une bourrée assez gentille et les couplets :

De l'Auvergne, tous deux jentants,
Nés chur les pics de nos montagnes,
Quand nous menions nos vèt's aux champs,
Nous partagions noix et castagnes, etc.

Chanté par Armand Ben et Mlle Jane-Mary Küschnick. Ce petit ouvrage, d'une gaieté franche et gauloise, a été bien accueilli.

O

ŒDIPE, tragédie de Sophocle, traduite par G. Wendt et mise en musique par Édouard Lassen, chef d'orchestre de la ville de Weimar, représentée le 7 février 1874.

ON DEMANDE UNE FEMME DE CHAMBRE, opérette en un acte, livret de M. Pierre Véron, musique de M. R. Planquette, représentée sur les théâtres de société en 1876. Cette partitionnette renferme cinq morceaux. La pièce est jouée par un seul personnage, Claudine (Mme Judic). La pièce est agréable et spirituelle, mais la musique en est bien faible. Le jeu habile et la diction de Mme Judic ont fait réussir cette bluette.

ONDINES AU CHAMPAGNE, opérette en un acte, livret de MM. H. Lefebvre et J. Pélissié, musique de M. Charles Lecocq, jouée au théâtre des Folies-Marigny. Malgré la répugnance que j'éprouve à occuper le lecteur de parcilles insanités dont le contact déshonore

depuis trop longtemps l'art musical, je citerai les paroles d'un chœur chanté par Marsouin, Chien-de-mer et les Ondines :

Par ce décret annoncé
Au son de la conque,
Tout le monde est enchanté ;
Quiconque
De cet aimable instrument
Entend le mugissement
Dit avec ravissement :
Quell' conque !

M. Charles Lecocq abuse de la facilité dans l'art d'écrire que lui ont donnée de bonnes études musicales et il l'applique à des sujets *quelconques.* Cette indifférence engendre la banalité et lui fait perdre tout scrupule quant au choix des idées. La musique de cette opérette est écrite avec correction et verve ; l'ouverture a quelque gentillesse. Je signalerai la romance d'Aigue-Marine ; le quatuor en *mi* majeur ; un autre quatuor en *fa*, dans lequel les auteurs ont un peu parodié celui de l'*Irato* de Méhul ; les couplets du champagne. Les meilleurs morceaux sont le chœur en *si* mineur : **Vengeance**, et celui en *mi* bémol : *On va juger le complot*. Joué par Montrouge et Mme Macé-Montrouge, avec une douzaine de personnages de leur troupe.

ORPHÉE AUX ENFERS, opéra-féerie en quatre actes et douze tableaux, livret de M. Hector Crémieux, musique de M. J. Offenbach, repris en opéra-féerie sur le théâtre de la Gaîté le 7 février 1874. (Voir l'analyse que j'ai donnée de cet ouvrage, page 503.) Sous cette nouvelle forme très-développée, *Orphée* a obtenu le même succès qu'en 1858, avec cette différence qu'au lieu d'amuser une petite réunion de spectateurs oisifs et appartenant à une classe aisée, il a attiré la foule et a contribué à répandre dans les classes laborieuses le goût funeste de l'opérette et du café-concert.

OSTROLENKA, opéra, musique de II. Bonewitz, représenté à Philadelphie en janvier 1875.

P

PAGES DEL REY (LOS), opéra espagnol, musique d'Oudrid, représenté à la Zarzuela de Madrid en décembre 1876.

PAGE DU ROI (LE), opéra-comique, musique de Théodore Henschel, chef d'orchestre, représenté à Brême le 5 mars 1874.

PALUDIER DU BOURG-DE-BATZ (LE), opéra-comique en deux actes, livret de M. Tanguy, musique de M. Lefèvre, représenté au théâtre d'Angers le 30 mars 1876.

PARADIS ET LA PÉRI (LE), opéra en trois actes, musique de R. Schumann, représenté à Leipzig le 4 décembre 1843 et au Théâtre-Italien de Paris en décembre 1869. Cet ouvrage n'a rien ajouté à la réputation du symphoniste.

PARAFULMINE (IL) [*le Paratonnerre*], opéra italien, musique de Delfico, représenté sur le théâtre Leopoldina de Naples, en juillet 1876.

PARIAS (LES), opéra en trois actes, livret de M. Hippolyte Lucas, musique de M. Edmond Membrée, représenté au théâtre de l'Opéra populaire (Châtelet) le vendredi 13 novembre 1874. Le sujet a été tiré de la *Chaumière indienne* de Bernardin de Saint-Pierre, mais les modifications qu'on lui a fait subir pour en faire un livret d'opéra n'ont pas été heureuses. On aurait pu facilement fournir à un aussi excellent musicien que M. Membrée l'occasion de composer un drame chrétien sans en gâter l'effet par le mélange d'éléments disparates et incompatibles avec le fond des idées. Gadhy, le paria, se dispose à fuir avec Maïa, la veuve indienne destinée au bûcher et qui ignore la triste condition de son amant. Aussitôt qu'elle l'apprend, elle s'en éloigne avec horreur, et le malheureux Gadhy se donne la mort. Saint François-Xavier, l'apôtre des Indes, survient et ressuscite Gadhy aux yeux des sauvages qui, à la vue de ce miracle, se convertissent à la foi chrétienne. Cependant, les brahmes font élever le bûcher où Maïa doit être immolée. Le saint renverse les idoles. Les prêtres et le peuple s'en emparent et s'apprêtent à brûler saint François-Xavier, Maïa et le paria. Le bûcher est dressé sur le rivage ; la mer monte, envahit la plage, transforme le bûcher en radeau. Un navire portugais apparaît et recueille les trois victimes arrachées ainsi à la mort par un nouveau miracle. On a remarqué dans cet ouvrage la romance du ténor : *Ma jeunesse à l'ombre s'écoule*, accompagnée par un chœur de fête ; l'air de Maïa : *Adieu, mère adorée*, l'invocation de saint François-Xavier : *Je crois en Dieu, tout-puissant, créateur*, et l'air de la vision au troisième acte. Chanté par Prunet, Jules Petit, Mmes Fursch-Madier, Crapelet et Filiati. Cet ouvrage n'a pas réussi.

PARISIENNES (LES), opéra bouffe en quatre actes, livret de MM. Moineaux et Koning, musique de M. Vasseur, représenté aux Bouffes-Parisiens le 31 mars 1874. Cet ouvrage n'a pas eu de succès. Chanté par M. Ed.-Georges, Mmes Judic, Peschard, Mlles Berthe Legrand, Rose-Marie.

PARLATORE ETERNO (IL), opéra buffa, livret de Ghislanzoni, musique de Ponchielli, représenté à Lecco le 18 octobre 1873 avec succès. Le principal rôle a été chanté par Viganotti.

PATTES BLANCHES, opérette en un acte, livret de MM. Constantin et L. Coron, musique de M. Laurent de Rillé, représentée aux Bouffes-Parisiens le 21 mai 1873. Les aventures bouffonnes de deux Européens au milieu d'une tribu de nègres sont accompagnées d'une musique appropriée aux lazzi les plus extravagants. Ces bamboulas grotesques et ces parodies de boléros sont sans doute considérées par le musicien accrédité du ministère de l'instruction publique comme un délassement de ses fonctions d'inspecteur de l'enseignement du chant dans les lycées et d'examinateur dans la commission des bibliothèques scolaires. Cette opérette a été jouée plutôt que chantée par Ed.-Georges et Potel.

PAUL ET VIRGINIE, opéra en trois actes et sept tableaux, livret de MM. Michel Carré et Jules Barbier, musique de M. Victor Massé, représenté à l'Opéra-National-Lyrique le 15 novembre 1876. Cet ouvrage est, à mon avis, le plus distingué, le plus poétique, le plus fortement inspiré qui ait été représenté au Théâtre-Lyrique depuis bien des années. Le chef-d'œuvre littéraire de Bernardin de Saint-Pierre a été habilement arrangé pour la scène, et la couleur générale est bien celle que l'imagination conçoit en lisant le récit touchant des amours de ces infortunés enfants. Dans le premier tableau, l'action se passe dans la case de Marguerite, cabane de bambous, ouverte sur un paysage de l'île de France. Mme de La Tour et Marguerite sont occupées à filer du coton. Les deux mères s'entretiennent de leurs enfants et se font part de leurs remarques sur leur attachement mutuel. Mme de La Tour annonce l'intention d'envoyer Paul aux Indes pour quelque temps, moins pour éprouver son amour pour Virginie que pour préparer leur bonheur futur. Ce duo des deux mères est d'un effet charmant. C'est un dialogue et un ensemble dans la forme du nocturne d'une teinte pleine de tendresse et de calme. Domingue, le vieux serviteur dévoué à ses maîtres et presque de la famille, a entendu le projet d'éloigner Paul. Il intervient dans la conversation et chante des couplets dont la mélodie est parlante et originale : *N'envoyez pas le jeune maître vers les pays lointains!* On annonce l'arrivée d'un navire venant de France. Mme de La Tour se rend à Port-Louis avec l'espérance de recevoir une lettre de sa famille. Le chœur des habitants de l'île : *Un navire entre dans le port*, est à la fois populaire et distingué. On voit le balancement du navire, on entend le chant mono-

tone des matelots, on se souvient de ces accents dont ils accompagnent leurs efforts lorsqu'ils retirent les ballots de la cale. C'est ainsi qu'un véritable artiste sait poétiser les détails les plus vulgaires, en évitant également deux écueils, la banalité et le réalisme. Paul et Virginie surpris par l'orage accourent abrités sous une large feuille de bananier. Le duo qu'ils chantent : *O joie! ô douceur d'aimer qui nous aime!* a le mérite particulier d'exprimer par un heureux mélange des voix l'union parfaite et mystérieuse de deux cœurs confiants l'un dans l'autre. La poésie de Félicien David et les formes harmoniques de Mendelsshon semblent se condenser dans ce morceau. Méala, épuisée de fatigue, les bras meurtris et les vêtements en lambeaux se présente sur le seuil. Elle vient implorer un asile contre la poursuite d'un maître impitoyable. Virginie, compatissante, lui donne du lait, du pain, des paroles de consolation. Elle se charge avec Paul de la ramener chez son maître et d'obtenir sa grâce. Dans ce trio, on distingue surtout une belle phrase :

> Oui, les cœurs que Dieu même inspire
> Dans l'innocence des champs
> Trouvent bien ce qu'il faut dire
> Pour émouvoir les méchants.

Le deuxième tableau transporte le spectateur dans la plantation de M. de Sainte-Croix, riche planteur de la Rivière-Noire. Ce mauvais colon n'est pas nommé par Bernardin de Saint-Pierre. Pourquoi l'auteur du livret l'a-t-il baptisé du nom de Sainte-Croix? C'est sans doute par antiphrase; car c'est sur les rameaux de l'arbre de la croix que l'égalité des droits des âmes humaines a été promulguée dans le monde. Le choix de ce nom n'est pas heureux. Les esclaves font entendre des accents douloureux sous les ardeurs du soleil; un négrillon chante sur un mode mineur et avec des intonations plaintives sa misère. Virginie et Paul arrivent avec Méala. Ici les récitatifs sont d'une expression excellente et passent tour à tour de la rudesse à une douceur exquise. *Pardonnez-lui*, s'écrie Virginie en s'adressant à Sainte-Croix. Son chant large et soutenu part du cœur. C'est une magnifique inspiration. Le chœur est ravi : *Oh! la douce voix! oh! le doux sourire, c'est un chant d'oiseau dans l'air envolé; à peine elle parle, et chacun l'admire.* Sainte-Croix est subjugué. A travers la distance des âges et en tenant compte de la différence des moyens employés, cette page rappelle la puissance d'expression de Gluck. Sainte-Croix accorde la grâce de Méala. Mais la beauté de Virginie allume dans son cœur

grossier une passion brutale. L'intelligente
et reconnaissante Méala s'en aperçoit la première, et lorsque Sainte-Croix, en l'honneur
de ses deux hôtes, improvise une sorte de fête
et ordonne à Méala de chanter, celle-ci les
avertit qu'un danger les menace :

> Parmi les lianes,
> Au fond des savanes,
> Le tigre est couché.
> Son regard flamboie,
> Il guette sa proie,
> Dans l'ombre caché.
> Le jour va s'éteindre,
> Voici la nuit;
> Il peut vous atteindre,
> Fuyez ! — tout fuit.

Cette chanson âpre et sauvage reste musicale malgré ses intonations hardies et son
rhythme heurté, ce qui prouve qu'il n'est
nullement nécessaire de sortir du domaine
de l'art pour produire l'effet cherché, lorsque
le musicien a de l'imagination et du goût.
Sainte-Croix, furieux du départ précipité de
Virginie et de Paul, en rend Méala responsable
et la livre à un nouveau châtiment. Je trouve
que dans cette scène, les auteurs ont été trop
loin. La danse de la bamboula, l'orgie du planteur, son ivresse, les cris de la malheureuse
qui dominent le chœur, produisent une impression trop pénible pour une œuvre lyrique. Il faut se garder de confondre l'émotion
avec la sensation physique. Une symphonie
intéressante intitulée : la *Forêt*, sert d'entr'acte.

Le premier tableau du deuxième acte re-
présente l'habitation de Mme de la Tour. Elle
achève d'habiller Virginie et de la parer de
quelques bijoux. Elle l'informe qu'une vieille
parente la mande auprès d'elle et consent à
lui laisser sa fortune à la condition qu'elle par-
tira pour la France. Virginie ne veut pas
quitter sa mère. Elle lui fait la confidence de
son amour. Mme de La Tour, après de douces
exhortations, la laisse seule à ses réflexions.
Tout cela a été traité par le compositeur avec
une délicatesse infinie. Ici se place une scène
très-poétique dans sa naïveté, scène pleine
de naturel, qui suffirait seule pour faire le succès d'un acte d'opéra. La jeune fille veut savoir ce que pense de son départ Domingue, ce
vieil ami qui l'a vue naître, qui l'aime ainsi
que Paul. Pour toute réponse, sans la regarder et tout en travaillant à sa natte de jonc,
Domingue chante :

> L'oiseau s'envole
> Là-bas ! là-bas !
> L'oiseau s'envole
> Et ne revient pas.
> Ah ! pauvre folle !

> Reste à la maison,
> Crois à ma chanson
> L'oiseau s'envole
> Et ne revient pas.
> Oiseau fidèle
> Que Dieu bénit,
> Oiseau fidèle,
> Reste en ton doux nid.
> Ferme ton aile,
> Tu dormiras mieux
> Que sous d'autres cieux.
> Oiseau fidèle,
> Que Dieu bénit,
> Oiseau fidèle,
> Reste en ton doux nid.

La mélodie de cette cantilène est expressive
et touchante.

Le désespoir de Paul apprenant la fatale
nouvelle forme la contre-partie de cette scène.
Elle est rendue plus dramatique encore par
l'aveu que Marguerite fait à son fils de sa
faute et de la honte de sa naissance. Cette
situation difficile à rendre est d'une déclamation si juste qu'elle a pleinement réussi. Rien
d'attendrissant comme les consolations que
Paul, malgré sa douleur et dans son affection,
prodigue à sa mère. Les phrases les plus remarquées sont celles-ci : *Ah ! ne brises pas
mon courage*, et *Je vous honore; je vous aime*.
Méala revient encore une fois chercher un
refuge; mais cette fois, elle est suivie de près
par Sainte-Croix. Paul le reçoit. Une discus-
sion s'engage; elle se termine par la rançon
de l'esclave avec l'argent envoyé de France à
Virginie. Le grand duo dans lequel Paul et
Virginie font le serment d'être l'un à l'autre
paraît un peu long à cause de la succession
des mouvements divers, andante, allegretto,
allegro maestoso, entrecoupés de récitatifs, à
la façon de la mélopée en vogue de l'autre côté
du Rhin, et heureusement fort contestée en
deçà; mais la péroraison en *la* bémol majeur est admirable d'inspiration. Cette belle
phrase a été choisie par le compositeur pour
caractériser l'amour de Paul et de Virginie,
amour noble et pur, au-dessus des vicissi-
tudes humaines, plus fort que la mort.

> Par le ciel qui m'entend, par l'air que je respire,
> Par ce Dieu que je prends à témoin de ma foi,
> Par tes larmes, par ton sourire,
> Je jure de n'être qu'à toi !

Au second tableau, il fait clair de lune et
on voit la mer à travers les arbres. Le chœur
que j'ai signalé plus haut est répété en fan-
fare par les cors; bien écrite pour ces instruments, elle produit le plus charmant effet.
Elle se poursuit développée par un chœur
lointain. Après le grand air de Virginie,
Méala chante des couplets auxquels des appo-

giatures donnent beaucoup de caractère. C'est un hors-d'œuvre, mais on l'entend avec plaisir. Virginie s'est endormie sur un banc de gazon. M. de La Bourdonnais arrive et presse le départ; Mme de La Tour réveille sa fille. La toile tombe. Le troisième acte renferme d'aussi beaux morceaux que les deux autres. La chanson de Méala : *En vain sur cette lointaine rive*, est une mélodie fort jolie, toute en syncopes sur lesquelles M. Victor Massé aurait pu obtenir de son poëte des paroles mieux adaptées à ce genre de rhythme. Le quatuor : *Que l'enfant que j'aime*, composé de mesures alternées à quatre et à deux temps, est gracieusement accompagné par les instruments à cordes, en pizzicato. Le pauvre Paul, inconsolable de l'absence de son amie, lit et relit une lettre de Virginie; la déclamation en est mélodieuse et d'une sensibilité exquise. Je la donne ici, parce qu'elle me semble avoir un parfum de candeur qu'il est doux de respirer en ces temps où l'amour est si mal exprimé au théâtre :

> Chère mère, vous m'avez dit
> De vous mander les jours de joie
> Ou de chagrin que Dieu m'envoie;
> C'est à grand'peine : on m'interdit
> De vous écrire; et moi, sans armes
> Contre un si rigoureux arrêt,
> Je vous fais tenir en secret
> Ces mots arrosés de mes larmes.
> D'autres tourments que je prévois
> Me tiennent le cœur en alarmes;
> J'ai trop pleuré, rappelez-moi.
> Au sein même de la richesse,
> Je suis plus pauvre qu'autrefois,
> Ne pouvant vous faire largesse
> De tous les biens que je reçois;
> Il a fallu que votre fille
> Se cachât des regards jaloux
> Pour recourir à son aiguille
> Et travailler au moins pour vous.
> Hélas! c'est là tout le mérite
> De menus objets faits par moi
> Que j'ai pu joindre à mon envoi
> Pour vous et maman Marguerite.
> A Paul cette petite fleur
> Que l'on appelle violette,
> Du nom même de sa couleur;
> Elle semble éclose en cachette
> Sous le buisson où la trahit
> Le doux parfum qu'elle recèle;
> Par les soins de Paul puisse-t-elle
> Prospérer en cet humble nid
> De fleurs, de mousse et de verdure,
> Où notre fontaine murmure,
> Où nos oiseaux chantent en chœur,
> Hélas! où j'ai laissé mon cœur!

Le fond du théâtre s'ouvre et laisse voir à travers une gaze un salon aristocratique. Virginie est invitée à chanter. Elle s'accompagne sur la harpe :

> Que ma chanson vers toi s'envole,
> O doux ami que j'ai quitté, etc.

La mélodie est ravissante de grâce et de mélancolie. On l'entoure, on la félicite. Un personnage lui est présenté. C'est Sainte-Croix. Virginie repousse avec dédain ses hommages. La vieille parente témoigne son indignation et congédie Virginie. Paul a suivi cette vision et s'écrie : « Elle revient vers nous! » Domingue accourt; en effet, on annonce l'arrivée d'un navire; mais il est ballotté par la tempête et ne peut aborder. Paul se précipite sur la plage. Le théâtre change. A quelque distance en mer, on voit le *Saint-Géran* à demi submergé. Virginie est étendue inanimée sur le sable; Paul est agenouillé près d'elle. Tous les personnages et les habitants de l'île sont accablés de douleur. Le chœur chante :

> **Pauvres amants!**
> Séparés sur la terre
> Et longtemps malheureux,
> L'amour que rien n'altère
> Les attend dans le ciel et commence pour eux!

Cette partition, le chef-d'œuvre de M. Victor Massé, est désormais associée au poème de Bernardin de Saint-Pierre et s'ajoute glorieusement aux meilleurs opéras de l'école française. Distribution : Paul, Capoul; M. de Sainte-Croix, Melchisédech; Domingue, Bouhy; M. de La Bourdonnais, Bonnefoy; Virginie, Mlle C. Ritter; Méala, Mme Engalli; Mme de La Tour, Mme Sallard; Marguerite, Mme Téoni; un négrillon, Mlles Parent et Marcus.

PAULINE, opéra anglais, livret tiré du roman de lord Bulwer Lytton, musique de M. Fr. Cowen, représenté avec succès au Lyceum theater de Londres en décembre 1876.

PERMISSION DE DIX HEURES (LA), opéra-comique en un acte, livret de MM. Melesville et Carmouche, musique de M. Offenbach, représenté au théâtre de la Renaissance en août 1875. (Voyez page 741.)

PETITE COMTESSE (LA), opéra-bouffe en trois actes, livret de M. Gaston Escudier, musique de Luigi Ricci, représenté au théâtre Taitbout le 21 février 1876. C'est une traduction un peu libre de l'opéra italien *Chi dura vince* (voyez ce mot), représenté à Milan en 1838, avec succès. Il s'agit d'un comte qui, pour éprouver la constance de Fiorina, sa femme, se fait passer pour un artisan et s'expose à beaucoup de mésaventures. Fiorina lui conserve sa tendresse, et le comte reprend son titre et son rang. Le livret est bien traité, avec esprit et grâce. La musique est charmante, mélodique et pleine de verve. On n'a pu en juger par l'exécution pitoyable de la troupe du théâtre Taitbout. Les meilleurs sujets étaient Mlle Breton et Mme Carlin.

PETITE MARIÉE (LA), opéra bouffe en trois actes, livret de MM. Eugène Leterrier et Albert Vanlo, musique de M. Charles Lecocq, représenté au théâtre de la Renaissance le 21 décembre 1875. Cet ouvrage est jusqu'à présent le meilleur opéra bouffe du fécond compositeur, quoiqu'il soit le moins travaillé et renferme peu de morceaux saillants. Mais la pièce est amusante et reste dans des limites que l'on ne devrait jamais dépasser. Graziella, à peine mariée à San-Carlo, qu'elle aime, est l'objet des entreprises du podestat Rodolfo. Pour y échapper, elle est contrainte de passer pour la femme de Montefiasco, lui-même au pouvoir d'une épouse intraitable sur le chapitre de ses droits et qui les réclame au besoin la cravache à la main. Les deux jeunes mariés traversent une foule d'incidents comiques ; plusieurs même ont un caractère tendre et touchant. Si M. Lecocq avait le bon goût, dans l'intérêt de sa réputation et en même temps de la dignité de l'école française, de se montrer plus sévère et beaucoup moins accommodant dans le choix de ses livrets, s'il renonçait absolument aux concessions à faire à un public aussi ingrat et mobile qu'exigeant, il pourrait espérer d'occuper une place restée vide à la suite des maîtres dans le genre charmant de l'opéra-comique, si délaissé de nos jours ; car on ne connaît plus guère de pièces intermédiaires entre le grand opéra et l'opérette burlesque, parce que l'esprit et le goût font depuis longtemps mauvais ménage. L'ouverture de la partition de la *Petite mariée* est peu intéressante. Dans le premier acte, on peut signaler la chanson du coup de l'étrier, le duo de Graziella et de San-Carlo, la valse de la cravache. Dans le deuxième, les couplets de l'épée, ceux du jour et de la nuit, le duo de l'enlèvement et une assez jolie ronde de nuit. Le troisième acte est le plus musical de l'ouvrage. Les couplets des reproches : *Pour vous sauver, on se dévoue*, sont ingénieusement rendus, et une pointe de sensibilité se fait remarquer dans le duo des larmes : *Tu pleures, Graziella.* Les livrets que M. Lecocq met en musique ne lui fournissent pas l'occasion de faire preuve de son mérite en dehors de la comédie. La *Petite mariée* a obtenu un grand succès. Distribution : le podestat, Vauthier ; San-Carlo, Puget ; Montefiasco, Dailly ; Graziella, Mlle Jeanne Granier ; Lucrezia, Mlle Alphonsine.

PETITE REINE (LA), opéra-comique en trois actes, livret de MM. Jaime et Noriac, musique de M. Vasseur, représenté aux Bouffes-Parisiens le 9 janvier 1873. On a remarqué dans la partition, un peu incolore, un duo dans lequel est intercalé un joli madrigal : *Quand vous me regardez à travers vos cils bruns ;* l'ensemble vocal du deuxième acte et dans le troisième, un duo agréable et le rondo du baiser. Chanté par Désiré, Potel, Mmes Judic et Peschard et Mlle Scalini.

PÉTRARQUE, opéra en quatre actes, livret de M. Dharmenon, musique de M. Duprat, représenté au Grand-Théâtre de Marseille le 19 avril 1873. Il est difficile de comprendre qu'on ait eu la pensée de violenter aussi bien l'histoire que la légende dans un pays si voisin des lieux habités par Pétrarque et par Laure. Dans la pièce, la princesse romaine Albani dispute à Laure le cœur du poëte et, désespérant de l'emporter sur sa rivale, fait empoisonner celle-ci et se donne ensuite la mort dans l'église où Pétrarque pleure sur le cercueil de son amante. Les morceaux les plus remarqués ont été, dans le premier acte, la romance : *La colombe craintive*, au deuxième, un chœur de jeunes filles : *Jour des Rameaux*, et le duo : *Tout me sourit dans ce vallon ;* au quatrième, le *Requiem* et une romance de ténor. Les auteurs n'ont pas négligé l'occasion d'une belle mise en scène et ont placé au troisième acte le triomphe de Pétrarque au Capitole. Écrit dans le style italien, cet ouvrage n'en est pas moins intéressant, et il renferme plusieurs morceaux d'une belle inspiration, parmi lesquels on peut citer la scène dans laquelle Colonna invite Pétrarque à retourner en Italie ; pendant le duo qu'ils chantent, on entend une jolie barcarolle, et on voit Laure passer dans le lointain. Distribution : Pétrarque, Delabranche ; Laure, Mlle Arnaud ; princesse Albani, Mlle Lebel ; Dermond, Horeb. Cet opéra a obtenu un chaleureux succès.

PHILIPPINE WELSER, opéra allemand, musique de Polack-Daniels, représenté à Nuremberg en novembre 1873.

PICCARDA DONATI, opéra italien, musique de Burali, représenté à Arezzo en novembre 1874.

PICCOLINO, opéra-comique en trois actes, livret de MM. Victorien Sardou et Charles Nuitter, musique de M. Ernest Guiraud, représenté à l'Opéra-Comique le 11 avril 1876. La pièce de M. Sardou avait été jouée au

Gymnase quinze ans auparavant qu'il n'ait songé à en faire un opéra-comique. Mme la comtesse de Grandval l'avait aussi mise en musique et fait représenter. Le sujet est donc très-connu. Il s'agit d'une jeune fille séduite et abandonnée par son amant, méconnue par lui jusqu'au dénoûment. Le rôle de celui-ci est odieux, ce qui est toujours d'un mauvais effet, surtout dans un opéra-comique. La musique porte la marque d'un artiste de beaucoup de talent ; mais elle a paru manquer d'unité, de caractère. La partition est considérable. Je signalerai, dans le premier acte, la romance de Marthe, l'air du pasteur ; dans le second, la sorrentine, les couplets de la réception : *Pan, pan, qui frappe à l'atelier ?* Dans le troisième, un solo de violon, le rondo sur le petit pont-neuf : *Il était une bergère;* enfin le *Carnaval romain,* petite symphonie qui accompagne un ballet. Il y a dans cet ouvrage plusieurs morceaux qui sont d'assez mauvais goût. Distribution : Frédéric, Léon Achard ; Musaraigne, Barré ; le pasteur, Ismaël ; Marthe-Piccolino, Mme Galli-Marié ; Elena, Mme Frank-Duvernoy.

PIERRETTE ET JACQUOT, opérette en un acte, livret de M. Ph. Gille, musique de M. J. Offenbach, représentée aux Bouffes-Parisiens en octobre 1876. On peut signaler dans ce petit ouvrage un duo, une chanson savoyarde et le quatuor du souper. Chanté par Daubray, Mlles Cécile et Esther Grégoire.

PIERROT-FANTÔME, opéra-comique en un acte, livret de MM. Dubreuil et Staplaux, musique de M. Lionel (pseudonyme de M. le baron de Vercken), représenté au Théâtre-Lyrique (Athénée) le 6 juin 1873. La donnée de la pièce est originale et fantaisiste. Pierrot est représenté en effigie dans la pharmacie de Barnaba. Témoin muet et sympathique des amours d'Astolphe et de Carline, de la rivalité du fils du podestat, il ne demande qu'à revivre pour reprendre son rôle d'ami complaisant, de protecteur de l'innocence opprimée, d'ennemi juré des parents fâcheux. Une fiole brisée sur le tableau et contenant un élixir de vie le fait sortir de son cadre. Il se mêle à l'action, l'embrouille et la débrouille, et, avant l'heure fatale où il doit reprendre son poste d'observateur muet, il est parvenu à marier Astolphe et Carline. Sur cette ingénieuse fantaisie, M. de Vercken a composé une musique excellente, tant sous le rapport de l'art d'écrire que sous celui de l'adaptation des idées mélodiques et de l'harmonie aux situations et au caractère des personnages. Il

est maintenant bien rare de trouver une telle correction dans l'usage de la langue musicale, et elle témoigne des fortes études du compositeur et de son goût. L'ouverture, composée de divers motifs de l'opéra, est terminée par le thème populaire : *Au clair de la lune,* accompagné dans plusieurs tons et avec un travail de contre-point d'un bon effet. Tous les morceaux sont bien réussis. Je citerai de préférence le duo de Carline et d'Astolphe : *Perdus ! perdus ! quel mot viens-je d'entendre ?* Un trio fort bien fait et où l'esprit de la comédie musicale brille dans tous les détails ; les couplets de Pierrot : *Oui, monsieur, c'est Pierrot qu'on me nomme,* et le finale. Ce petit ouvrage deviendrait un charmant lever de rideau au théâtre de l'Opéra-Comique. Distribution : Pierrot, Vautier, Lepers ; Astolphe, Lefebvre, Jouanne ; Trincolo, Lary ; le docteur Barnaba, Géraizer ; Bambolini, Galubert ; Giacomo, Vinchon ; Carline, Mlle Marietti.

PIERROT TÉNOR, opérette, livret de MM. Fr. Langlé et Jules Ruelle, musique de M. Th. de Lajarte, représentée au théâtre d'Enghien le 1er juillet 1876.

POMME D'API, opérette en un acte, livret de MM. Ludovic Halévy et W. Busnach, musique de M. J. Offenbach, représentée au théâtre de la Renaissance le 4 septembre 1873. Cette pomme d'api, sous les traits de Mme Théo, débutant au théâtre dans cette pièce, est une jeune fille dont Édouard, neveu de M. Rabastens, est contraint de se séparer, et qui rentre chez l'oncle en qualité de domestique. Tout finit par un mariage. La musique est agréable. On a remarqué les couplets de la cuisinière et la romance : *Consultez votre cœur,* une des meilleures du répertoire du compositeur. Chantée par Daubray, Mmes Théo et Dartaux.

POMPON (LE), opéra-comique en trois actes, livret de MM. Chivot et A. Duru, musique de M. Ch. Lecocq, représenté aux Folies-Dramatiques le 10 novembre 1875. La scène se passe à Palerme pendant le carnaval. Le brigand Tivolini doit s'y rendre, et son signalement est un pompon rouge et blanc qu'il porte à son chapeau. Ce chapeau passe sur la tête de l'innocent Piccolo, jeune médecin dont toutes les femmes raffolent et qui aime la jeune Fioretta, la bouquetière. Il est pris pour Tivolini, jugé par le vice-roi et condamné à être pendu. L'imbroglio se complique des efforts tentés par des femmes compatissantes pour le sauver de la potence. Les détails sont d'un goût équivoque; mais le dénoûment montre le trop bon marché que font les auteurs des convenances même vulgaires. La duchesse Cazadorès y Florida, que le vice-roi va épouser, a eu pour Piccolo un caprice, et cet adultère avant la lettre est divulgué aux yeux de tous. Le vice-roi seul n'y voit goutte, mais cependant persiste a vouloir découvrir celle qui a osé visiter dans sa prison l'homme qui allait être pendu le lendemain. Fioretta prend alors le caprice pour son compte :

PICCOLO.

O bonheur ! c'était toi !

FIORETTA.

Silence !
Si j'ai fait ce mensonge au roi,
C'est pour sauver votre existence,
Mais, monsieur, ce n'était pas moi.

Et le vice-roi épouse la duchesse, et Piccolo épouse Fioretta.

Que ces choses-là soient rimées dans un conte, cela s'est vu depuis Boccace jusqu'à Voltaire, en passant par La Fontaine ; mais jamais on ne les traduisait sur la scène et encore moins les aurait-on mises en musique. Cette mauvaise pièce a été traitée par le compositeur avec autant de soin consciencieux et d'effort que si elle eût été bonne. La partition est même plus forte d'harmonie que les précédentes du même auteur. On a remarqué le chœur d'introduction ; les couplets de la bouquetière : *Voyez mes beaux bouquets* ; le joli ensemble : *Sans connaître la sentence ;* le quatuor bouffe ; le duo : *En amour, je suis très-novice*, et le chœur comique de l'arrestation : *Il a le pompon*, qui est d'une gaieté ranche. Mais quelle nécessité d'introduire dans cette farce une intention aussi irréligieuse que celle du cantique de la *Rédemption des âmes?* de tourner en ridicule une bonne œuvre par ce refrain que j'abrége :

> Quoi de plus doux sur cette terre,
> De plus beau, de plus généreux,
> Quand on n'a rien de mieux à faire,
> Que de sauver des malheureux.
>   Servez des glaces, garçon,
>   Vanille, pistache, citron.

Le compositeur a dû, pour exprimer le sujet, parodier les formes de la musique sacrée et y mêler le ricanement musical ; belle besogne, ma foi ! Dans le second acte, on remarque un chœur bien écrit pour l'entrée de Fioretta, le quintette du tribunal, le quatuor et un brindisi. On ne peut rappeler dans le dernier acte, qui d'ailleurs est fort court, qu'une phrase du duettino : *Une telle calomnie*, et une jolie barcarolle un peu imitée du style d'Auber. Distribution : Piccolo, Mme Matz-Ferrare ; le vice roi, Milher ; Barabino, Luco ; Castorini, Didier ; Fioretta, Mme Caillot ; Ortensia, Mme Toudouze ; Béatrice, Mme Paurelle.

PRÉS SAINT-GERVAIS (LES), opéra bouffe en trois actes, livret de MM. V. Sardou et Ph. Gille, musique de M. Ch. Lecocq, représenté au théâtre des Variétés le 14 novembre 1874. La pièce amusante, en deux actes, de M. Sardou a été détaillée en opérette par M. Ph. Gille et a beaucoup perdu de la finesse et de la gaieté que lui donnait Mme Déjazet. Je signalerai le madrigal de la *Rose et du Muguet*; les variations sur l'air de : *Femme sensible*, cette charmante romance de Méhul dans *Ariodant ;* le duo entre Friquette et Conti. Chanté par Christian , Berthelier, Mlle Paola Marié, Mmes Peschard et A. Duval.

Q

QUASIMODO, opéra, livret tiré de *Notre-Dame de Paris*, de Victor Hugo, musique de M. F. Pedrell, représenté au théâtre du Liceo de Barcelone en avril 1875.

QUATTRO RUSTEGHI (I), opéra italien, livret tiré de la pièce de Goldoni, musique de Moscuzza, représenté au Politeama de Florence le 5 juin 1875.

QUÉNOUILLE DE VERRE (LA), opéra bouffe en trois actes, livret de MM. A. Millaud et H. Moreno, musique de M. Charles Grisart, représenté au théâtre des Bouffes-Parisiens le 7 novembre 1873. Les auteurs de la pièce ont poussé l'équivoque jusqu'aux dernières limites ; ils ne se sont arrêtés qu'au point où la crudité des situations et des expressions n'aurait pu être tolérée. Un connétable ridicule et libertin, une connétable qui se dédommage avec son neveu, le capitaine Myosotis, des négligences de son mari ; une quenouille de verre associée aux périls d'une chasteté sans cesse menacée; le droit du seigneur, cette ineptie qui n'a plus d'asile que dans le conte ou l'opérette, tels sont les éléments de cette bouffonnerie. M. Charles Grisart a employé un talent réel au service de ce livret peu propre à être mis en musique. On remarque dans l'ouverture un andantino qui a du charme, suivi d'un mouvement de valse agréable ; dans le premier acte, le chœur des *Patrouilles*, la sérénade, les couplets de la connétable et ceux de son mari, le chœur en *si* bémol : *Le temps est passé ;* la chanson de la *Quenouille de Pénélope ;* dans le second acte, un brindisi, le duo de Myoso-

tis et de la comtesse : *Prenez garde, mon bel ami, vous allez casser la quenouille ;* il suffit de citer pour indiquer le ton de l'ouvrage ; la légende du *Fil,* qui dépasse tout ce qu'on peut imaginer en grivoiserie. Dans le troisième acte, je signalerai le mérite de la musique des couplets du *Droit du seigneur,* de la poétique rêverie de Myosotis : *Tu dors, tout bas ton sein respire,* dont on a entendu le motif dans l'ouverture, et des couplets gaulois : *Ne prenez pas cet air sévère,* chantés par la comtesse. Distribution : Myosotis, Mme Peschard ; le connétable, Homerville ; la connétable, Mme Judic ; Lucette, Mme Debreux.

R

RAFFAELLO E LA FORNARINA, opéra italien, musique de Chissotti, représenté sans succès au théâtre Alfieri de Turin en octobre 1874.

RAPHAËL, opéra en cinq actes, livret de Méry, musique de Giunti Bellini, représenté au Théâtre-Lyrique (Athénée) le 28 mai 1873. L'esprit paradoxal et la recherche de l'effet, sans choix et sans aucun souci de la vérité, qu'affectait Méry, le rendaient peu propre à faire une œuvre dramatique. Celle-ci est pitoyable. Les principaux personnages sont Raphaël, Jules Romain, la Fornarina et la Vanozza, sa rivale, qui fait empoisonner le grand peintre, dans sa fureur jalouse. Aucun musicien n'aurait pu triompher d'un semblable livret. On a remarqué cependant une barcarolle avec chœurs et l'air de contralto : *La haine déchire mon âme.* Chanté par Sacley, Mme Crapelet et Mlle Formi.

REGINA DI CASTIGLIA (la) [*la Reine de Castille*], opéra italien, musique de Guindani, représenté à Parme en février 1876.

REINE INDIGO (la), opéra bouffe en trois actes, livret de M. Ad. Jaime et Victor Wilder, musique de Johann Strauss, représenté au théâtre de la Renaissance le 27 avril 1875. Cet ouvrage a été d'abord représenté à Vienne sous ce titre : *Indigo* ou *les Quarante voleurs.* Le livret est une suite de scènes décousues où le grotesque le dispute à l'absurde. Fantasca et son fiancé Janio ont quitté les rives du Danube bleu pour celles de l'Euphrate. La femme du sultan, nommée

Indigo, vient de succéder à son mari défunt. Elle vend les trente-trois femmes du sérail, parmi lesquelles se trouve Fantasca. Elle veut épouser Janio : celui-ci parvient à déjouer la passion de cette reine et à s'enfuir avec sa maîtresse. M. Johann Strauss, qui est un excellent musicien, a déployé un talent remarquable dans cette partition qui se distingue surtout par la variété des rhythmes, la richesse de l'harmonie et les combinaisons des effets de l'instrumentation. Je signalerai dans le premier acte le chœur des *Bayadères,* le terzetto valse : *Quel sombre et noir présage,* et plusieurs phrases du finale ; dans le deuxième, les couplets du *Merle blanc,* la valse brindisi : *O flamme enivrante ;* dans le troisième, la scène du marchand d'esclaves, le chœur des femmes : *Maître drôle ;* la tyrolienne chantée par Fantasca et le chœur valse : *Danube d'azur.* On ne peut se défendre d'un sentiment de tristesse en voyant l'art musical prostitué à des turpitudes et à des enfantillages qui dépassent tout ce que M. Offenbach a semé dans ses ouvrages.

Il est difficile de comprendre que le public puisse trouver amusants des morceaux dans lesquels on chante sur une musique fort bien faite : *Ah! que j'étais bête, bête, bête, bête, bête ; Notre affaire est sûre, sûre, sûre, sûre, La chose est faite, faite, faite,* etc., etc. En se rappelant le refrain de *la Belle Hélène, ce roi barbu qui s'avance, bu qui s'avance,* on pense à la fable de l'*Ane et le Petit Chien.*

Distribution : Fantasca, Mme Zulma Bouffar ; la reine Indigo, Mlle Alphonsine ; Janio, Félix Puget ; Romadour, Vauthier ; Babazouk, Daniel. Cet ouvrage a obtenu un très-grand succès. Signe des temps!

RE MANFREDI (IL), opéra italien en trois actes, livret de Leopoldo Marenco, musique de Montuoro, représenté au teatro regio de Turin le 10 janvier 1874. Cet ouvrage n'a pas réussi.

RENDEZ-VOUS GALANTS (LES), opéra-comique en un acte, livret de M. F. Langlé, musique de Mme de Sainte-Croix, représenté à l'Athénée le 23 janvier 1873. Joué par Mme Girard, Mlles Enaux et Deguers.

RHEINGOLD (*l'Or du Rhin*), **DIE WAL-KÜRE** (*la Walkyrie*), **SIEGFRIED**, **GÖTTER-DÄMMERUNG** (*le Crépuscule des dieux*), **DER RING DER NIEBELUNGEN** (*l'Anneau des Niebelungen*), pièce de fête théâtrale (*Bühnenfestspiel*), texte et musique de M. Richard Wagner, représentés au théâtre de Bayreuth les 13, 14, 16 et 17 août 1876.

L'épopée des Niebelungen, légende allemande tirée des scaldes de l'Islande et de la Scandinavie, et qui peut remonter au IXe siècle, a fourni le sujet de la tétralogie de M. Wagner. Il a publié le texte de son livret en 1863.

Il ne faudrait pas moins d'une brochure pour donner une analyse de ce livret extraordinaire, offrant tour à tour des scènes grandioses, des épisodes familiers et surtout ridicules. Nous devons nous borner à indiquer les tableaux de chaque partie. *L'Or du Rhin* se divise en trois tableaux : 1° le fond du Rhin ; les nymphes nagent autour d'un rocher où l'or est amassé ; 2° le Walhalla, palais des dieux ; il se dresse sur un haut plateau environné de montagnes ; 3° les gorges souterraines du Nibelheim, où les nains forgent des armures. Dans cet acte, on voit les choses les plus singulières : Alberich, possesseur de l'anneau enchanté, se change tour à tour en serpent gigantesque et en crapaud. Les dieux, qui ont fait construire le Walhalla par les géants, abandonnent à ceux-ci pour leur salaire, Freia, la déesse de la jeunesse et de la beauté. Aussitôt ils deviennent vieux et caduques. La déesse de la terre, Erda, ordonne à Wôtan, le maître des dieux, de donner aux géants l'anneau magique. Freia est rendue au Walhalla, et les dieux recouvrent leur force et leur sérénité.

Les amis de M. Wagner ne lui conseilleront jamais de faire représenter la *Walkyrie* sur une scène française. Quoique le public soit accoutumé à bien des hardiesses, il ne sup-porterait pas les amours incestueux de Siegmund et de Sieglinde, qui forment la trame de cette partie de la tétralogie du musicien allemand. La prophétesse Erda a prédit à Wôtan la fin prochaine des dieux et ses amours avec une mortelle. De leur race descendrait un héros qui régénérerait le monde et s'emparerait du trésor des Niebelungen, alors possédé par le géant Fafner. La fille terrestre aimée du dieu a donné le jour à deux enfants jumeaux, Siegmund et Sieglinde. Séparés dans leur enfance, ils ne se connaissent pas.

Sieglinde est devenue la femme du chasseur Hunding. Wôtan a enfoncé son épée dans le tronc d'un frêne placé dans la salle du festin des noces, et il a prédit que celui qui l'en arracherait délivrerait Sieglinde de son odieux époux.

Siegmund arrive chez sa sœur. Il est l'ennemi de Hunding. Sieglinde l'accueille avec une sympathie à laquelle succède un sentiment plus tendre, et tous deux se déclarent bientôt la passion qui les anime. Siegmund arrache l'épée du tronc du frêne. Sieglinde reconnaît son frère et s'écrie qu'elle lui appartient. De son côté Siegmund répond que la sœur et l'amante se confondent à ses yeux. Il s'est trouvé, le 14 août 1876, un public de dilettantes accourus de tous les points de l'Europe et un parterre de rois pour assister à un tel spectacle. Au deuxième acte, le duel entre Siegmund et Hunding a lieu. Malgré l'ordre de Wôtan, qui veut laisser périr Siegmund, la Walkyrie Brünnhilde le protège et pare les coups de son ennemi. Wôtan brise de sa lance l'épée de Siegmund. Brünnhilde en recueille les tronçons. Hunding tue l'amant incestueux. Sieglinde s'évanouit.

Au troisième acte, on assiste à la *Chevauchée des Walkyries*. Ces fées guerrières traversent les airs sur leurs chevaux. Wôtan poursuit Brünnhilde pour la punir de la protection qu'elle a donnée à son fils coupable. La Walkyrie est condamnée à rester sur une montagne jusqu'au moment où le héros annoncé par Erda viendra la délivrer. Il trace avec son épée autour d'elle un cercle de flammes qui forment comme une mer de feu. C'est par ce spectacle magique que se termine la seconde partie de *l'Anneau des Niebelungen*.

Siegfried, fils de Siegmund et de Sieglinde, est le héros annoncé par la prophétesse Erda. Il remplit de ses aventures la troisième partie de la tétralogie qui a pour dénoûment la délivrance de Brünnhilde. Il a été élevé par le nain Mime, frère d'Alberich ; ceux-ci veulent se servir de sa bravoure et de sa force pour s'emparer des trésors des Niebelungen, possédés par le géant Fafner, métamorphosé en dragon. Siegfried brise comme du verre les épées que lui forge Mime ; il réunit les deux tronçons de l'épée de son père Siegmund et les forge si bien, qu'en l'essayant sur l'enclume il fend l'enclume en deux. Il va provoquer Fafner, qu'il transperce de son épée ; portant ensuite sa main ensanglantée à ses lèvres, voilà qu'il comprend tout à coup le langage des oiseaux ; l'un d'eux lui révèle que Mime le trahit.. Siegfried tue Mime. Le même oiseau lui dit qu'il doit délivrer la belle Brünnhilde ; Siegfried s'y précipite. Chemin faisant, il rencontre son grand-père Wôtan, le maître des dieux ; il lutte contre lui et le désarme. J'ai oublié de dire que dans la forêt Siegfried imite le chant des oiseaux avec un roseau, qu'il amène un ours dans la forge de Mime et, pour en finir avec cette ménagerie, qu'on voit un dragon de carton qui chante, qui ouvre, en mesure, la gueule mue par un mécanisme ingénieux, qui roule les yeux et jette de la fumée. Enfin, Siegfried arrive à la montagne où dort Brünnhilde ; il la réveille avec un baiser et chante avec elle un duo final de la passion la plus intense.

Les tendances pseudo-philosophiques de M. Richard Wagner se manifestent clairement dans la dernière partie de son poëme. Le public n'a vu dans cette œuvre qu'un prétexte à distraction, qu'un incident captivant son intérêt par la personnalité bruyante de l'auteur, par ses théories paradoxales ; au fond, il s'est montré fort indifférent. Mais ceux qui se préoccupent avec un sentiment d'effroi de la destinée des idées morales en Europe ne se sont pas dissimulé la gravité de l'événement musical de Bayreuth. Le disciple de Schopenhauer n'est pas seulement un révolutionnaire en musique ; il a eu la prétention d'associer l'art musical à des théories humanitaires et de faire servir la grande épopée germanique à la destruction de l'idée divine ; et quand on songe aux encouragements qu'il a reçus et que les compositeurs du plus grand génie n'ont jamais obtenus à un tel degré, depuis Palestrina jusqu'à Weber et Rossini, on se demande si ses patrons doivent être accusés d'aveuglement ou de complicité.

La quatrième partie de la tétralogie a pour titre : le *Crépuscule des dieux*. Par ce mot de crépuscule, on doit entendre la chute et la disparition des dieux, l'écroulement du Walhalla et le règne de l'humanité sur ses ruines.

Siegfried a laissé à Brünnhilde l'anneau magique qu'il a enlevé à Fafner. Un bâtard du nain Alberich (qui ne l'est pas, peu ou prou, dans l'indigeste poëme de M. Wagner ?), nommé Hagen, veut dérober cet anneau ; il rend sa sœur amoureuse de Siegfried et son frère Gunther épris de Brünnhilde. Il verse au héros le breuvage de l'oubli. Siegfried prend la forme de Gunther, et Gunther prend celle de Siegfried, et tous deux se concertent pour tromper la Walkyrie. Siegfried-Gunther s'empare de Brünnhilde, malgré sa résistance, ce qui termine le premier acte.

Dans le second, Brünnhilde, irritée de ces travestissements dont elle a été la victime, complote avec Hagen et Gunther lui-même la mort de Siegfried. Au troisième acte, qui se passe sur les bords du Rhin, on voit les Ondines nager en chantant. Siegfried arrive, sonne du cor ; des chasseurs l'entourent ; Hagen verse au héros le breuvage du souvenir. Siegfried se rappelle son enfance dans la forêt, son combat contre le dragon, ses amours avec Brünnhilde, sa lâche trahison. Hagen profite de son désespoir pour le percer de sa lance.

M. Wagner a placé là une marche funèbre en l'honneur de son héros, dont on transporte le cadavre chez Gunther. Brünnhilde fait élever un bûcher pour le consumer, et, sur son cheval noir, elle se précipite au milieu des flammes en lançant l'anathème contre le Walhalla et en maudissant les dieux. Les Ondines continuent à folâtrer dans le Rhin autour de l'anneau que Brünnhilde leur a rendu. Hagen tue Gunther, qui veut s'emparer de ce fameux anneau, et il se noie lui-même en voulant l'aller chercher dans les ondes.

Le fleuve déborde ; un incendie consume le Walhalla, il n'y a plus de dieux, l'homme seul règne sur la terre.

Que M. Richard Wagner soit un compositeur possédant une science consommée, personne ne le conteste. C'est un symphoniste du premier ordre dans le sens technique, c'est-à-dire dans le sens abaissé du mot. Il n'y a pas pour lui un instrument dont il ne sache tirer le parti le plus habile, pas un agencement de sons qu'il ne sache produire, pas un contre-point dont il ne puisse se jouer avec la plus merveilleuse facilité. Mais il manque de goût ; l'harmonie des proportions lui est inconnue ; l'inspiration est rebelle à ses efforts, et lorsqu'il trouve une pensée mélodique, une idée qui se rattache à l'ordre musical, tel que les musiciens et les gens de goût le conçoivent, on est étonné d'y retrouver les formes usuelles et presque banales. Voici l'énumération des principales impressions que des auditeurs impartiaux ont recueillies des interminables séances de sa tétralogie. Dans l'introduction du *Rheingold*, le chant des nymphes se fait entendre sur une pédale de *mi* bémol de deux cents mesures !

L'air du *Dieu Loge* est accompagné par un contre-point très-habile qui reproduit les motifs précédents. Le chœur des *Forgerons* est accompagné d'un bruit d'enclumes, de soufflets et de marteaux d'un réalisme désespérant.

Les meilleurs passages sont la phrase de Froh, le dieu de la joie, la marche des dieux et le trio des nymphes du Rhin.

Dans la *Walkyrie*, on a remarqué l'hymne au printemps, chanté par Siegmund ; la scène des adieux de Wôtan et de Brünnhilde. Dans *Siegfried*, le morceau saillant est le finale pendant lequel le héros forge son épée, et le chant de victoire. On a aussi remarqué la symphonie pendant laquelle Siegfried s'abandonne à ses rêveries sous le tilleul, le dialogue entre l'oiseau et Siegfried, et le duo d'amour qui termine le dernier acte. Enfin, le *Crépuscule des dieux* renferme, entre autres scènes dignes d'attention, les adieux de la Walkyrie et de Siegfried, le trio des nymphes du Rhin, la marche funèbre et la scène finale de la catastrophe du Walhalla. Tout le reste est une polyphonie qui procède beaucoup plus de l'acoustique que de l'art musical et de la langue parlée par Haydn, Mosart et Beethoven. Cette conception babylonienne n'est grande et puissante que par sa masse, et elle ne fera pas plus oublier les chefs-d'œuvre de nos maîtres que les monstrueux monuments d'Elephanta et du Cambodge ne détourneront notre admiration des beautés sereines du Parthénon et de la majestueuse et harmonieuse ordonnance de nos cathédrales gothiques. Tant pis pour les Niebelungen et le Titan musical de Bayreuth.

Les principaux interprètes de la tétralogie étaient : MM. Betz, Unger, Vogel, Hill, Schlosser, Reichenberg, Niemann, Nioring, Gura, Kögel, Mmes Grün, Haupt, Jaide, Lilli Lehmann, Marie Lehmann, Scheffsky, Materna, Wckerlin, Wagner, Lammert. L'exécution a été dirigée par le compositeur et M. Hans Richter.

RIEN QU'UN JOUR, opéra-comique en trois actes, livret de M. Dupin, musique de M. Hubans, représenté au théâtre des Fantaisies-Parisiennes de Bruxelles le 25 novembre 1876, avec succès.

RINEGATA (LA) [*la Renégate*], opéra italien, musique de Reparaz, représenté au théâtre d'Oporto en mars 1874.

RITA, opéra italien, musique d'Alfonso Guercia, représenté au théâtre Mercadante de Naples en décembre 1875.

ROI DES MONTAGNES (LE), opéra suédois, musique d'Ivar Hallström. Cet ouvrage, dont le sujet est scandinave, a été traduit en allemand, représenté à Munich le 23 avril 1876, et accueilli avec intérêt.

ROI D'YVETOT (LE), opéra bouffe en trois actes, livret de MM. Chabrillat et Emory, musique de M. L. Vasseur, représenté au théâtre Taitbout le 3 avril 1876. Cet ouvrage, d'un goût plus que médiocre, n'a pas réussi ; on a remarqué le chœur de la *Nuit*, un duo et une jolie romance de soprano. Chanté par Bonnet, Laurent, Gobin, Mmes Prelly et Desclauzas.

ROI L'A DIT (LE), opéra-comique en trois actes et en vers, livret de M. Edmond Gondinet, musique de M. Léo Delibes, représenté sur le théâtre national de l'Opéra-Comique le 24 mai 1873. La donnée de la pièce est trop absurde pour mériter une analyse développée. L'élégance de la versification et quelques traits spirituels ont réussi à la faire accepter. Le marquis de Moncontour est devenu le favori de Louis XIV, parce qu'il a retrouvé la perruche perdue de Mme de Maintenon. Il a quatre filles et pas de fils. Lorsque le roi l'a interrogé sur sa famille et lui a demandé s'il avait un fils, dans son trouble il a répondu affirmativement. Le roi, distrait ou mal renseigné, lui a dit : « Je le savais. » Et voilà que le marquis se croit obligé d'avoir un fils. Il adopte un petit paysan qui fait mille sottises, le ruine, le compromet et finit, dans un duel, par se faire passer pour mort par poltronnerie. Le roi adresse au marquis ses compliments de condoléance, et celui-ci en profite pour renvoyer à ses foins le fils adoptif. La musique est gracieuse, vive, habilement écrite, mais rien de tout cela ne restera ; l'inspiration fait défaut. On a remarqué, dans le premier acte, une gavotte, une marche dans le style archaïque, le chœur des quatre demoiselles ; dans le troisième, un morceau d'ensemble. Joué par Ismaël, Sainte-Foix, Lhérie, Barnolt, Mlles Chapuy, Révilly, Priola, Guillot, Nadaud et Thibault.

ROMEO E GIULIETTA, opéra italien, musique d'Antonio Mercadal, représenté sur le théâtre de Mahon (île Minorque) en mars 1873.

ROMILDA DE' BARDI, opéra italien, musique de Dell' Orefice, représenté sur le théâtre del Fondo, à Naples, en juillet 1874.

ROSA DI FIORENZA, opéra italien, musique de Biletta, représenté au théâtre del Principe Umberto, à Florence, en octobre 1875.

ROSE VON WOODSTOCK (DIE), opéra allemand, musique de Wilhelm Bonewitz, représenté à Chemnitz le 24 mars 1876.

ROSIÈRE D'ICI (LA), opéra bouffe en trois actes, livret de M. Armand Liorat, musique de M. Léon Roques, représenté aux Bouffes-Parisiens le 27 mars 1873. La pièce est d'un goût équivoque; une femme qui se grise au milieu de ses amoureux ne saurait offrir un spectacle agréable. Quant à la musique, elle dénote que le compositeur pourrait faire un meilleur usage de ses bonnes études et de son talent incontestable d'harmoniste. Chanté par Potel, Édouard-Georges, Provost et Bertin, Mme Judic et Mlle Massart.

ROSITA, opéra-comique en deux actes, livret de M. Longchamps, musique de M. Édouard Weber, représenté au théâtre d'Angers en février 1876.

ROYAL-CHAMPAGNE, opéra-comique en un acte, livret de MM. Couturier et de Saint-Geniès, musique de M. Lemarié, représenté au Théâtre-Lyrique (Athénée) le 28 juin 1873. par Le Chantéfèvre, Géraizer, Mlle Marietti.

S

SAINT-NICOLAS (LA), opéra-comique en un acte, livret et partition de M. de Mortaricu, représenté au Théâtre-Lyrique (Athénée) le 6 juin 1873. C'est une pièce à deux personnages, qui convient mieux au salon ou au concert qu'au théâtre. Chanté par Bonnet et Mlle Blainville.

SALVATOR ROSA, opéra italien, musique de M. Carlo Gomes, représenté avec un grand succès au théâtre Carlo-Fenice de Gênes en avril 1874. L'ouverture en est remarquable.

SARA, opéra italien, musique de Luigi Gibelli, représenté au théâtre Castelli de Milan en juin 1876.

SAVOISIENNE (LA), opéra-comique en un acte, livret de M. Dufrénois, musique de M. Ch. du Grosriez, représenté au théâtre de la Renaissance en avril 1876. Chanté par Mmes Tony et Peschard.

SCHÉRIF-AGHA, opéra-comique turc en trois actes, musique de Dikran Tchihadjian, compositeur arménien, représenté sur le théâtre Osmanié, à Constantinople, en janvier 1873. Plusieurs motifs nationaux ont été introduits dans la partition.

SCHWEDENSEE (DER), opéra allemand, représenté à Weimar en 1874.

SCOMBURGA, opéra italien, musique de Pellegrini, représenté à Brescia en avril 1875.

SERAFINO IL MOZZO, opéra buffa, musique de Piacenza, chef d'orchestre, représenté au théâtre Apollo de Venise en juin 1873.

SI E NO (*Oui et non*), opérette italienne, musique de Panico, représentée au teatro Nuovo de Naples en juin 1875.

SI J'ÉTAIS ROI, opéra-comique en trois actes, livret de MM. Dennery et Brésil, musique d'Adolphe Adam, représenté au Théâtre-Lyrique en 1852. La pièce est amusante et la musique fort agréable à entendre. Les ouvrages d'Adam, que les amateurs d'autrefois reléguaient volontiers au troisième plan, à l'exception du *Chalet* et de *Giralda*, à cause de la vulgarité des idées mélodiques et de leur caractère dépourvu de toute élévation, nous semblent maintenant avoir beaucoup de mérite par la comparaison qu'on en fait avec les opéras bouffes et les opérettes de MM. Offenbach, Hervé, Lecocq et de la plupart des compositeurs en vogue. Il est incontestable qu'Adolphe Adam aimait son art au point de tout lui sacrifier, fortune, repos, honneurs. Sa vocation avait été irrésistible et sincère, et c'est pour cela que ses ouvrages, tout en étant conçus d'après un idéal borné, renferment une foule de pages bien supérieures à celles qu'on écrit de nos jours à la hâte et en vue d'un succès éphémère. En réparant aujourd'hui l'omission que j'avais faite de l'opéra *Si j'étais roi*, j'ai tenu à signaler cette différence. Toutefois, la critique a reproché au compositeur des réminiscences flagrantes dans cet opéra.

SOMBRA (LA), opéra-comique en trois actes, livret de M. de Saint-Georges, traduit en es-pagnol, musique de M. de Flotow, représenté sur le théâtre de Jovellanos, à Madrid, en octobre 1873. Ce charmant ouvrage a été chanté par Dalman, Loitia, Mᵐᵉˢ Trillo et Velasco.

T

TALISMANO (IL), opéra anglais en trois actes, livret de M. Arthur Mathison, traduit en italien par M. Zaffira, musique de Balfe, représenté après la mort du compositeur le 11 juin 1874 au théâtre de Drury-Lane, à Londres. Le sujet a été tiré du roman de Walter Scott, *the Talisman, tales of the Crusades*. Cet ouvrage se distingue par la mélodie et une facilité dans l'art d'écrire qui ne saurait être contestée au compositeur britannique. Je signalerai le bel air d'Édith Plantagenet, la scène de l'autel d'Engaddi, la romance du talisman; au deuxième acte, un chœur de femmes et le beau duo entre Édith et sir Kenneth; au troisième, le rondo chanté par Édith et le chœur *England, dear England*. Chanté par Campanini, Rota, Mᵐᵉˢ Nilsson et Marie Roze.

M. G.-A. Macfarren a terminé la partition, laissée inachevée par Balfe.

TALMA, légende lyrique allemande en deux actes, livret de Baumann, musique de P.-I. Wagner, représenté par la Liedertafel à Paderborn en février 1875.

THECLA, opéra flamand, musique de M. Joseph Mertens, représenté au théâtre des Variétés, à Anvers, en février 1874.

THÜRMERS TŒCHTERLEIN (DES) [*la Fille du sonneur*], opéra allemand, musique de J. Rheinberger, représenté à Munich le 23 avril 1873.

TIGRE (LE), opérette en un acte, livret de M. Étienne Tréfeu, musique de M. Émile Ettling, représentée à la Tertulia le 5 avril 1873. Chantée par Guyot, Caillat, Mars, Mᵐᵉ Andreani et Mˡˡᵉ Saint-Louis.

TOISON D'OR (LA), opéra, musique de J. Busschop, représenté à Bruges en avril 1874.

TONNELIER DE NUREMBERG (LE), opéra-comique, livret de M. Franc, d'après le conte d'Hoffmann, musique de M. Mayer, représenté sur le théâtre de Nîmes en avril 1874.

TOUR DE MOULINET (LE), opérette en un acte, livret de M. Paul Avenel, musique de M. Ch. Hubans, représenté aux Bouffes-Parisiens le 27 avril 1874.

TRAMONTO, opéra italien, musique de Coronaro, représenté sur le teatrino du Conservatoire de Milan, sous la direction de M. Mazzucato, directeur de cet établissement, au mois d'août 1873.

TREIZIÈME COUP DE MINUIT (LE), légende lyrique en trois actes, livret de MM. Clairville et Gaston Marot, musique de M. Debillemont, représenté au théâtre du Château-d'Eau en septembre 1874. On y a applaudi une romance de ténor et un chœur de soldats. Chantée par Cabel et Mˡˡᵉ Julie Bressolles.

TRE RIVALI (I) [*les Trois rivaux*], opéra italien, musique de Gazzera, représenté à Ivrée (Piémont) en mai 1876.

TRICORNE ENCHANTÉ (LE), opéra-comique, livret tiré de la pièce de Théophile Gautier, musique de M. Léon Jouvet, représenté au Cercle artistique et littéraire, à Bruxelles, en mai 1873. On a remarqué un trio, un quintette et une chanson à boire. Chanté par Jourdan, Ricquier, Mengal, Guérin, Mᵐᵉˢ Réty-Faivre et Isaac.

TRIPILLA, opéra italien, musique de Luzzi, représenté à Novare en février 1874.

TROIS GRANDS PRIX, opérette en un acte, livret de MM. Lesenne et Delilia, musique de M. Bernicat, représentée au théâtre Taitbout le 28 mars 1875.

TROIS SOUHAITS (LES), opéra-comique en un acte, livret de M. Adenis, musique de M. Poise, représenté à l'Opéra-Comique le 29 octobre 1873. Le conte si connu des *Trois souhaits* a fourni la donnée de la pièce, qui est amusante. La musique en est bien écrite et abonde en motifs agréables. On a surtout remarqué les couplets : *C'était le temps où fleurit l'églantine*. Chanté par Neveu, Mˡˡᵉˢ Nadaud et Ducasse.

TROQUEURS (LES), opéra-comique en un acte, livret de Dartois, musique d'Hérold, représenté en 1819. On a remarqué dans ce joli ouvrage les couplets : *Mon cœur s'agite à chaque instant;* le rondo : *Ah! monseigneur;* le duo : *Jarni, son minois est charmant*

U

ULTIMO ABENZERRAGIO (L'), opéra italien en quatre actes, musique de M. Felipe Pedrell, compositeur barcelonais, représenté au Liceo de Barcelone en mai 1874.

ULTIMO DE' MORI IN ESPAGNA (L'), opéra italien, livret tiré du *Dernier des Abencérages* de Chateaubriand, musique de Parravano, représenté au théâtre Mercadante de Naples en décembre 1875.

UNA MOGLIE PER UN SOLDO (*Une femme pour un sou*), opéra buffa, musique de Migliaccio, représenté sur le teatro Nuovo, à Naples, en janvier 1874.

UNA NOTTE DI NATALE, opéra italien, musique de Pontoglio, représenté sans succès sur le théâtre de la Canobbiana, à Milan, en novembre 1874.

UN CAPRICE DE FEMME, opéra-comique en un acte, livret de Lesguillon, musique de Paër, représenté en juillet 1834.

UNE AVENTURE DE HÆNDEL, opéra-comique allemand (*Liederspiel*), musique de Carl Reinecke, représenté au théâtre de la cour, à Schwerin, en novembre 1873.

UN MATRIMONIO SOTTO LA REPUBLICA (*Un mariage sous la République*), opéra italien, musique de Podestà, représenté au théâtre dal Verme de Milan en juin 1875. Le motif de l'ouverture est le chant de la *Marseillaise*, développé avec assez d'habileté.

UN SOIR D'ORAGE, opérette, livret de M. de Marthold, musique de M. Olivier Metra, représentée aux Folies-Bergère le 21 avril 1874.

UN SOUVENIR, opéra-comique en un acte, musique de M. Charles Magner, représenté au théâtre de Cluny le 23 mars 1873. Chanté par Mlle C. Denault.

V

VAKOUL LE FORGERON, opéra russe, livret tiré d'une nouvelle de Nicolas Gogol, musique de Tchaïkowski, représenté au théâtre Marie de Saint-Pétersbourg le 6 décembre 1876.

VELLEDA, opéra italien, musique de Cajani, représenté pour la première fois à Fojano et depuis sur le théâtre Alfieri, à Florence, en mai 1875.

VEUVE DU MALABAR (LA), opéra bouffe en trois actes, livret de MM. Delacour et Crémieux, musique de M. Hervé, représenté au théâtre des Variétés le 26 avril 1873. Les anachronismes et la confusion des antipodes sont les moyens ordinaires qu'emploient les faiseurs de ce genre de pièces pour amuser le public. Boulot, petit marchand de Paris, ruiné et facétieux, est allé chercher fortune dans l'Inde. Il y est devenu le seigneur Boulboum et se dispose à épouser une riche princesse de Lahore, Tata-lili. Il reconnaît en elle son ancienne maîtresse, Anita-Tivoli. Un autre hyménée se prépare aussi entre Zizibar et Cocorilla, la couturière. Boulboum passe pour avoir été tué par une panthère; comme il a été marié sous le régime indou, sa veuve inconsolable doit périr dans les flammes d'un bûcher, et de grandes réjouissances publiques s'apprêtent à l'occasion de ce spectacle. Tata-lili chante même une valse entraînante pour célébrer le martyre de l'hyménée. Mais les femmes se révoltent contre la loi de Brahma. Tout le reste se passe en farces assez désopilantes. Il y a çà et là des scènes vraiment comiques. La musique a les défauts ordinaires des opérettes de M. Hervé. Elle n'est pas toujours correctement écrite, les accompagnements sont négligés, l'harmonie est prime-sautière et quelquefois témoigne des études incomplètes de l'auteur; mais, malgré tout cela, on sent qu'il écrit de verve, sans se soucier de la facture. Il rencontre souvent l'inspiration ; il a le sens de la comédie musicale et il a un fonds d'idées, sous ce rapport, plus fertile que ses congénères. Dans le premier acte, on a remarqué la romance de Zizibar, avec le chœur dont les effets rhythmiques sont fort grotesques, l'air de Cocorilla, celui de Boulboum; dans le deuxième acte, une marche, une chanson à boire dite par Cocorilla, le chœur : *Gloire à Tata-lili ;* les couplets : *Voyez, messieurs, voyez l'objet.* Une valse assez jolie sert d'entr'acte; elle a été déjà entendue au commencement du deuxième acte; mais, associée à des paroles trop ridicules, on y fait peu d'attention. Je signalerai enfin le quintette de la balance, le chœur des gens de maison et la tyrolienne nègre. Distribution : Boulboum, Dupuis ; le nabab Kerikalé, Berthelier ; Zizibar, Léonce ; Tata-lili, Mlle Schneider; Cocorilla, Mlle Heilbron.

VIAGGI (I) [*les Voyages*], opéra bouffe italien, musique de d'Arienzo, représentée au théâtre Castelli de Milan, sans succès, en juillet 1875.

VIANDANTE (IL) [*le Passant*], scène lyrique italienne, livret tiré du *Passant* de Coppée, musique du duc Giulo Litta, représentée sur le teatro Milanese en avril 1873. Chantée par Campanini et Mme Gavirati.

VICERÈ DEL MESSICO (IL) (le *Vice-roi du Mexique*), opéra italien, musique de Tanaro, représenté au théâtre Balbo de Turin en juin 1876. Valentino Fioravanti a chanté un rôle dans cet ouvrage.

VICOMTE DE CHRYSOCALE (LE), opérette, livret de MM. Dharmenon et G. Escudier, musique de M. Ch. de Sivry, représentée au théâtre des Délassements-Comiques en octobre 1874.

VIOLA PISANI, opéra italien, musique d'Edoardo Perelli, représenté sur le théâtre de la Scala, à Milan, en avril 1873. Chanté par Campanini, Quintiti-Leoni, Mmes d'Edelsberg et Zacchi.

VOYAGE DANS LA LUNE (LE), opéra-féerie en quatre actes et vingt-trois tableaux, paroles de MM. Leterrier, Vanloo et Mortier, musique de M. J. Offenbach, représenté au théâtre de la Gaîté le 26 octobre 1875. Les morceaux remarqués dans cette olla-podrida sont la romance du prince Caprice à la lune, le chœur des astronomes, le madrigal : *Je regarde vos jolis yeux*, l'air du charlatan et des airs de ballet. Chanté par Christian, Grivot, Mme Zulma Bouffart et Mlle Marcus.

W Z

WALLENSTEIN, opéra italien, livret tiré de la tragédie de Schiller, musique de Musone, représenté sur le théâtre del Fondo, à Naples, en septembre 1873. Chanté par Viganotti, Maurelli, Mlle Rubini.

WALLENSTEIN, opéra italien en quatre actes, musique de Denza, représenté au théâtre del Fondo, à Naples, en mai 1876.

WANDA, opéra italien, musique de Wogritsch, représenté au théâtre Pagliano de Florence en décembre 1875.

WATER CARRIER (THE) [*le Porteur d'eau ou les Deux journées*], traduction de l'opéra de Cherubini, représenté au Lyceum Theater de Londres en septembre 1876. Chanté par Santley et Mlle Torriani.

WIDERSPENSTIGEN ZÄHMUNG (DER) [*la*

Récalcitrante mise à la raison], opéra-comique allemand en quatre actes, musique de M. Hermann Götz, de Zurich, représenté au théâtre de la cour, à Mannheim, en octobre 1874. Le livret a été tiré de la pièce de Shakspeare *the Taming of the Shrew* (la *Méchante apprivoisée*). Cet opéra a été représenté également à Berlin le 11 décembre 1876 et chanté par Mlle Minnie Hauk.

WITTINGTON ET SON CHAT, opéra bouffe, livret tiré d'un conte populaire anglais, musique de M. J. Offenbach, représenté à l'Alhambra de Londres en janvier 1875. Cet ouvrage a été composé pour ce théâtre et pour le public spécial qui le fréquente.

ZORILLA, opéra italien, musique de Nani, représenté à Malte en février 1874.

FIN DU TROISIÈME SUPPLÉMENT

TABLE ALPHABÉTIQUE

DES NOMS

DES COMPOSITEURS CITÉS DANS CE TROISIÈME SUPPLÉMENT

AVEC L'INDICATION DES PAGES

OU SE TROUVENT MENTIONNÉS LEURS OUVRAGES

FIN DE LA TABLE ALPHABÉTIQUE.

PARIS. — IMPR. VVᵉ P. LAROUSSE ET Cⁱᵉ, RUE NOTRE-DAME-DES-CHAMPS, 49.

OUVRAGES DU MÊME AUTEUR

Histoire générale de la Musique religieuse depuis ses origines jusqu'à nos jours. Ouvrage couronné par l'Institut. 1 fort vol. in-8°. . . . . 7 fr. 50

Chants de la Sainte-Chapelle et Choix des principales séquences du moyen âge, tirées des manuscrits, traduites en musique et mises en parties, avec accompagnement d'orgue. Quatrième édition. 1 vol. in-8°. . . . . 5 fr.

Carmina e Poetis christianis excerpta, cum notis gallicis et permultis interpretationibus quæ ad diversa carminum genera vitamque poetarum pertinent. Editio tertia. 1 vol. in-12. . . . . • . . . . 3 fr. 50

Histoire de la poésie chrétienne depuis le ivᵉ siècle jusqu'au xvᵉ. 1 v. in-8°. 6 fr.

Les Musiciens célèbres, depuis le xviᵉ siècle jusqu'à nos jours. Ouvrage illustré de 47 portraits authentiques, gravés à l'eau-forte, et terminé par une bibliographie musicale nouvelle. Deuxième édition. 1 fort vol. grand in-8°, br. 12 fr.
— Relié dos chagrin, plats toile, tranches dorées . . . . 18 fr.

Méthode complète de plain-chant, d'après les règles du chant grégorien et traditionnel, précédée de notions historiques sur la musique ancienne. Deuxième édition. 1 vol. in-12. . . . . 2 fr. 50

Seize tableaux de plain-chant, formant une méthode élémentaire, avec l'indication des procédés à suivre dans l'enseignement mutuel et dans l'enseignement simultané. In-folio. . . . . 4 fr.

Manuel des tableaux précédents, contenant les règles essentielles du plainchant. In-12. . . . . 75 c.

Antiphonaire et Graduel romains, édition in-folio, collationnée, accentuée et divisée en périodes mélodiques d'après les versions de chant les plus autorisées, avec la transposition des clefs et l'appropriation aux usages modernes; adoptée par ordonnances épiscopales dans les sept diocèses de Pamiers, Séez, Dijon, Clermont, Lyon, Paris et Saint-Flour. . . . . 80 fr.

Offices complets notés, édition in-12 des ouvrages précédents. . . . . , 15 fr.

Méthode de musique vocale, graduée et concertante, pour apprendre à solfier et à chanter à une ou plusieurs voix, avec accompagnement de piano, dans laquelle les principes de la musique sont rédigés sur un plan nouveau et propre à donner aux élèves une intelligence exacte des éléments de cet art. Cet ouvrage renferme 75 exercices et 25 duos. 1 vol. grand in-4°, broché. . . . . 6 fr.

Méthode d'orgue, d'harmonie et d'accompagnement, comprenant toutes les connaissances nécessaires pour devenir un habile organiste. 1 vol. in-4°. 12 fr.

Le Paroissien romain noté en musique, à l'usage des lycées, pensionnats et communautés, contenant les offices des dimanches et fêtes de l'année avec les plains-chants, en notation moderne et dans un diapason moyen. Approuvé par NN. SS. les archevêques de Paris et d'Avignon, et par l'évêque de Nevers. 1 vol. in-18, broché. . . . . 2 fr. 50
— Relié en basane, tranches marbrées, 3 fr. 50; tranches dorées, 4 fr. 25; en chagrin, tranches dorées. . . . . 7 fr.

Le Livre d'orgue du Paroissien romain, contenant l'accompagnement des messes, vêpres, complies, saluts, proses, hymnes, antiennes des dimanches et fêtes de l'année. Grand in-4°. . . . . 12 fr.

Cantiques des enfants de Marie en l'honneur du Saint-Sacrement et de la sainte Vierge, à une, deux ou trois parties, avec accompagnement d'orgue; paroles de M. l'abbé Lalanne, directeur du collége Stanislas. Ouvrage approuvé par NN. SS. les archevêques et évêques de Bordeaux, Sens, Avignon, Rouen, Nevers, Hétalonie, etc. 1 vol. in-12. . . . . 3 fr.

Les Voix sacrées, répertoire de 30 morceaux de musique religieuse, avec accompagnement d'orgue, à l'usage des paroisses, communautés religieuses et maisons d'éducation, paroles latines. 1 vol. grand in-8°. . . . . 6 fr.

Harmonies pieuses, solos, duos, trios et quatuors, avec accompagnement de piano ou d'orgue, paroles françaises. 1 vol. grand in-8°. . . . . 5 fr.

Chœurs et morceaux de chant, à l'usage des cours de musique des établissements d'instruction publique, comprenant des Odes d'Horace mises en musique, Chœur des chasseurs, Prière et Marche des Croisés, etc., avec accompagnement de piano ou d'orgue. *Se vendent séparément.*

Chœurs d'Athalie. Partition, chant et piano. 1 vol. grand in-8°. . . . . 10 fr.

Histoire abrégée des beaux-arts chez tous les peuples et à toutes les époques. 1 vol. petit in-4° illustré de 80 gravures. *Sous presse.*

Cinquante Motets pour les fêtes de la liturgie romaine. 1 vol. in-4°. . . . 10 fr.

PARIS. — IMP. Vᵛᵉ P. LAROUSSE ET Cⁱᵉ, RUE NOTRE-DAME-DES-CHAMPS, 49.